广东民间工艺博物馆藏精品研究系列图集 III

Guangdong Folk Arts Museum Collection Series III

雅俗之間

广东民间工艺博物馆
藏端砚撷珍

广东民间工艺博物馆　编

黄海妍　主编

文物出版社

图书在版编目（ＣＩＰ）数据

雅俗之间：广东民间工艺博物馆藏端砚撷珍 / 广东
民间工艺博物馆编；黄海妍主编. —— 北京：文物出版社, 2020.12
（广东民间工艺博物馆藏精品研究系列图集）
ISBN 978—7—5010—6752—7

Ⅰ.①雅… Ⅱ.①广… ②黄… Ⅲ.①石砚－鉴赏－广东
Ⅳ.①K875.4

中国版本图书馆CIP数据核字(2020)第148018号

雅俗之間

广东民间工艺博物馆藏端砚撷珍

编　　者：广东民间工艺博物馆

主　　编：黄海妍

责任编辑：宋　丹　李　睿

责任印制：张　丽

责任校对：安艳娇

装帧设计：雅昌设计中心・北京

出版发行：文物出版社

地　　址：北京市东直门内北小街2号楼

邮　　编：100007

网　　址：www.wenwu.com

邮　　箱：web@wenwu.com

印　　刷：北京雅昌艺术印刷有限公司

经　　销：新华书店

开　　本：1270mm×965mm　1/16

印　　张：18

版　　次：2020年12月第1版

印　　次：2020年12月第1次印刷

书　　号：ISBN 978—7—5010—6752—7

定　　价：360.00元

目録

总序

精致的艺术
——广东的民间工艺美术

　　与其他地方一样，广东的民间工艺美术品类众多，有着悠久的历史和丰厚的传统。这些有着鲜明的审美意趣、地方风格特征浓郁的传统手工艺品，是广东地区传统文化的重要组成部分。

　　传统手工艺，是指在前工业时期以手工劳动的方式对某种（或多种）材料施以某种（或多种）手段使之改变形态的过程及其结果。在前工业时期，传统手工艺及其产品一直是民众社会生活的重要物质基础。其中的具有审美意味的部分，更是直观地体现出不同历史时期民众的社会观念、审美情趣和生活习惯。对此，人们通常称之为民间工艺美术品。

　　自然界的丰富物产，为传统手工艺的制造提供了大量的材料。一个地区的手工艺人所采用的材料，决定了该地区传统手工艺形态的基本风貌。广东地处岭南，风光秀美，环境优越，丰富的物产为广东的传统手工艺暨民间工艺美术的发展提供了各种可以选择的材料：既有贵重如金银、玉石、象牙犀角、红木之类，也有平常如布帛、竹木、藤草、铜锡、大漆、纸张诸种，更有如同废物之果核、刨花、竹衣、树皮、葵叶、贝壳等等，这些材料经过手工艺人独具匠心的处置，都可以成为巧夺天工的瑰宝。

　　在长期的社会劳动实践中，人们在与各种材料广泛接触的同时逐步积累起大量的知识与经验，并且在此基础上形成了砍、砸、切、削、刮、雕、刻、镂、缝、纫、绞、编、织、刺、绣、剪、打、击、锤、钣、浇、铸、炼、捏、捆、扎、涂、抹、染、缬、嵌等与各种材料相适应的手工艺技术体系及其规范，在长期的手工艺制造实践中日益精湛。这些民间的手工艺技术规范，既是广大民众进行创造的技术保障，也是各类民间工艺美术品的质量保证，在历史发展的进程中发挥了巨大的作用。

　　勤劳而智慧的广东民众，充分利用岭南的自然物产为材料进行创造，在满足各种生活之需的同时，也创造了与环境相适应的生活方式，创造了独特的工艺文化。从早期的双肩和梯形斧锛石器、几何形印纹陶器，商周时期的青铜器、陶器，秦汉时期的铜器、漆器，隋唐时期的陶瓷、纺织、刺绣、藤、竹木器、文具等，到宋元时期发达的陶瓷与织绣以及初见规模的石湾陶塑、肇庆砚刻、新会葵扇、广东刺绣等，再到明清时期的以象牙、玉石、端砚雕刻、木雕、彩瓷、珐琅、漆器、刺绣、抽纱和金属工艺、藤、竹、草、葵编织、烟花炮竹以及剪纸、年画、彩灯、金银铜锡箔、雨伞、玩具等具有广东地方特色的工艺美术品，民国年间在国际上获奖的民间工艺美术品。广东民间工艺美术品的如此发展历程，与广东的文明进程同步，其自身也成为传统文化的一部分。

　　一地民众的社会观念与生活习惯，多受环境与气候的影响，因而决定了该地区传统手工艺形态的结构装饰及其审美情趣的趋向。广东地处亚热带，气候温润，水量充沛，适合各类植物生长。如此，便成就了广东城镇植物长绿、花开花落、香飘四季的生活环境。与之相适应，广东的传统民居建筑多粉墙黛瓦，门大窗多利于通风透气，木雕石刻装饰精美，让人赏心悦目；室内的民间工艺美术品之造形多精致典雅、玲珑剔透，或本色，或髹饰，有的颜色厚重，有的五彩缤纷，有的涂金嵌银。多年来，民众在这样的环境中居住，使用着诸多功能方便、结构精巧、造形美观的民间工艺美术品，在雅致的生活空间里共同营造着文化，并以多种方式将这样的文化与观念广播传承，一直延续到今天。

　　勤劳的手工艺人利用自己精湛的手工艺技术为社会服务，他们在继承传统的基础上进行新的创造，其引领风尚的产品受到社会的欢迎。他们以质量上乘的产品换取金钱；又以金钱去获得更多的时间和更大的空间，从而使自己的创造过程更加从容。在历史上，广东的手工艺人似乎对这样的流程更为熟悉，他们的产品不仅在本地畅销，还为其他地方的人们所熟知。近代以来，广东首开风气之先，通过外贸途径，将广东的民间工艺美术品出口到多个国家和地区。在满足外国人多种需求的同时，也宣传了中国传统文化的理念和审美的意趣。

　　如今，在文化大发展大繁荣的背景下，传统的手工艺及其产品再度受到重视，恢复与重建中国人传统的生活方式已经成为越来越多的民众的生活目标。生活方式是具体的，通常是指一定的人群在日常生活领域的活动形式与行为特征。中国人传统的生活方式总体上是健康的、向上的，而在不同的地区又有不同的表现：或简单，或繁杂，或讲究，或表面，或内敛，而在广东地区则以雅致为其特征。随着时间的流逝，这样的雅致之体现越来越多的需要通过以前的民间工艺美术品来说明。

建于20世纪50年代的广东民间工艺博物馆，在当时是国内唯一的以近现代的地方民间工艺美术品为藏品的专业博物馆，藏品中不乏价值连城之物。毫无疑问，在当时成立这样的博物馆是要有点见识的。在很长的一段时期内，中国博物馆界好古之风大行，对于包括民间工艺美术品在内的近现代文物不屑一顾。虽然现在博物馆的收藏观念有了根本性的改变，并且在经费、人才、机构等方面予以配置和保障，但质量上乘的民间工艺美术品的征集与收藏却困难重重，而难以形成藏品系列。

现在，广东民间工艺博物馆将其历年来的藏品进行整理、研究，并以系列图书的形式出版，是应该受到欢迎的。如此举措，虽然是广东民间工艺博物馆的基础业务工作，却能够满足多方面研究之需，弘扬广东地方的历史文化。同时，也能够为当代的民间工艺美术的新的创造提供可资参照的样板，这才是最为重要的。

是为序。

2015年3月20日

雅俗之间话端砚

高彦颐

　　一说到砚台，总令人联想起古时的文人雅士，身穿丝麻的大袖宽袍，端坐在窗明几净的书斋，说不定还有书童或者红袖添香的小妾，侍候在旁。在教育尚未完全普及的岁月，读书写字，的确是一种特权，风雅不光需要悠闲，更需要文化累积，不是代代种田的人家能轻易承受的。所谓"雅俗之间"的界线，说穿了不外就是用"靠什么穿衣吃饭"来界定的。不过话说回来，今天我们在古玩市场，甚或各大博物馆展厅所看到的砚台，未必全然是文人墨客的玩好之物。试想想，在科举时代的清朝，每三年一场的殿试，总有三四千名学子，千里迢迢从各省赴京应考。要取得上京的资格，先得要在三年一次的省试过关。要报考省试，先得在乡试过关。这盛况也许比不上高考，但在全国上下，隔年投考乡试的学子总有二百万人以上，更遑论粗读过书但从未敢报考的大多数，他们每人用上一二个砚台也不为多罢。另外加上其他需要识字的各行各业，例如算命先生、药铺伙计、当铺掌柜等等，更不用说医师、画师、状师、写字师傅等文化水平较高的专业人士了。这数量惊人的砚台，是由谁来采石雕作的呢？这些日用砚，破碎丢失的肯定不少，其余幸存的，今天又被搁到哪里去了呢？

由"识字小民"来写一部端砚文化传

　　以清代著名历史建筑陈家祠为馆址的广东民间工艺博物馆（以下简称"工艺馆"），历年来通过接受捐赠，或是从文物店购入的，已经累积了200多方石砚，其中126方被编入这册图录出版。正因为工艺馆和其他同是国家一级博物馆的博物馆不一样，是专以推动贴近生活的民俗文物和传统手工艺为宗旨，所以在筛选入馆或是入册的砚台

图一　麻子坑涮池椭圆形砚
（广东民间工艺博物馆藏）

时，用的可能是和其他博物馆不同的取舍标准。砚面有胭脂火捺等名贵石品、设计和石形浑成一体、刀法圆润纤巧、表层积有深邃的包浆，又有名人题款的佳砚，固然值得珍藏，即便是采用无名杂坑的石材，配合简朴的雕工而制成的大帮货，甚至是因使用收藏不当而破损的日用品，也同样值得重视。其实正是后者，不但带我们接近往日千万学子或市井小民的日常生活，更为我们勾画出当年雕砚工艺水平一个较完整、由雅到俗的系谱。虽然它们从来没有受到鉴赏家或学者专家的青睐，这些不起眼的平常砚，比起人所熟知的名砚，更能够向我们述说关于那群被历史遗忘，活在社会中、下层的大多数"识字小民"的文化知识和生活琐事，这都是饶有意义的。

　　也许有人会像我一样好奇，馆藏那方墨堂左侧有一颗大眼、造形得体的"麻子坑涮池椭圆形砚"（见图一），虽然石质因磨洗不善而显得干燥，但它在清中期出世当年，应该算是一方不错的砚台。是什么时候，它沦落到这种地步，被一个叫"基强"的小子，用幼稚的刀法在砚背自书其名？基强是何方神圣，今天已经无从得知，但从他接下去涂鸦的两个单字"豕""卓"和其他乱符推测，他会不会是一个在听课或做功课时发呆的小学生？一方砚台是"雅"还是"俗"，往往不是单靠石材、石品或造工等物质条件和工艺所能定断的，还得要看它所存在过的时空、经历，也就是说，它从生产、消费、使用到回收、再生等一整段漫长的生命历程。雅俗之间，并不是一下子就能分辨得一清二楚的。一个年少时风流儒雅的名士，随波逐流后可能会变得俗不可耐，一方砚台又何尝不是如此呢。以研究物质文化著名的人类学家戈匹托夫（Kopytoff），就提出这样的观点：要认识一件文物，用传统的鉴赏学方法去分类、定形、分期固然重要，但还要进一步追踪它的社会经历，也就是它跟其他人和物互动的完整历史。戈匹托夫把后者称为一件文物的"文化传记"（cultural biography），也就是它的"社会生活"（social life）。[1]文物跟人一样，是有生命力的、能动的，不是被钉死在玻璃展柜里的标本。

要追踪端砚的社会生命，不妨用两种策略，一是从小见大，透过一块手掌大小的石头看众生百态；二是积少成多，不光看单品砚，也看大宗砚，更看伪托名人款识的膺砚，才能较全面地认识一个时代的工艺水平。比较众多大同小异的砚式，可帮助我们了解推动端砚市场的时尚潮流，也分辨出哪些设计元素或吉祥图案最经得起时间考验，久而久之，在人们日常生活中凝聚成为常识、定理，无言地传达人们对美好生活的向往。因为能力、时间所限，距离整理出一部完整的端砚文化的社会生活史的目标还很遥远。但是我们对砚的"文化传记"，尤其是对制砚、用砚的小人物的关注，也许解释了这部题名"雅俗之间"的图录，在本质上可能和其他以鉴赏单品砚为目标的名砚精华录，有不尽相同的地方。

靠"石鼓砚"读"小学"

在砚背、砚边，甚或在砚面一侧题款、刻铭，是元、明、清历代文人雅好的习惯，以致今天传世的名人砚，大都布满了文字。这些书体不一的文字，只有极少数是琢砚艺人自题名款，大多数是一方砚面世后，使用者、好事者，或鉴赏者添加的。最常见的是文人在自用或馈赠时所题的座右铭，或是收藏者怕年代久远，后人记不起当年有过如此风光的收藏宝库，要为自己留一个记号。乾隆皇帝不就孜孜不倦，为宫中大小玉石珍玩，逐一题御制诗，并督促造办处的刻字人，用端正的楷书刻在玉山子的底座，或砚石面上所有能承载文字的、平正弯曲的大小块块吗？每一方带款的砚台，都可以当是一部历史书来读，如果细心考证，总能追溯出与这块石头交往过的大小人物及他们的喜好、向往、交游。带款的砚台，就是它自身一段社会史的最佳证物。

砚上文字的妙用，还不止于此。工艺馆藏有一方"石鼓第三砚"（见图版107），刻满了密密麻麻的各体文字，砚面上方横题"第三面"，上半刻有长达六十九字的隶书铭文，下半草书自题"道光三年叔末张廷济摹"，后两方印。[2]字体刻工，略见草率。张廷济（1768—1848），字顺安，号叔末，浙江嘉兴人，是嘉道年间著名的金石学家、碑帖收藏家、书法家。这段铭文，是从何处抄来，刻在砚上，又有什么用途呢？谜底部分在砚背揭晓："石鼓第三研"（见图版107）。这原来就是用先秦古文字"籀文"，也称"石鼓文"，本来刻在石碣上十首猎歌之一的"田车"，歌颂的是秦惠文王使张仪取陕的一段战功。

所谓"石鼓文"，原来刻在十方鼓形石碣上，这些花岗岩的刻石唐代贞观年间在陕西凤翔陈仓山野被牧人发现，历经战乱，今天珍藏在故宫博物院的一套，有哪几方是先

图二 北京国子监藏"田车"石鼓
（马衡在民初摄影。马衡：《石鼓
为秦刻石考》）

秦原物，已经很难稽考。历朝的书法家辗转抄拓的帖子，互相差异颇大，在学界也引起不少争论，这些都是题外话。[3]言归正传，这方"石鼓第三研"，应该是一套十方石鼓砚之一，砚面的铭文，用较易辨识的隶书，演绎了砚背的石鼓古文，可以说是刻在石板上的"小学"课本。如果"道光三年"的题词不假，当年张廷济已经五十六岁，名满天下已久，没有可能要再去从头摹写古文字。会不会这方砚，是伪托张的大名，给广大年轻学子辨识石鼓文的教材？清初皇帝康熙和雍正都推崇"石鼓文"，乾隆更见原石残破，其中一鼓已无字迹，下令重新订制一套，把集大成的字体清晰地摹刻鼓顶，方便抄拓，引起一股石鼓文热潮，成为读金石学（也叫"小学"）的学子们的入门课程。机灵的琢砚艺人，索性把课本逐字排列在石砚上，也是顺理成章的事。

把石鼓文刻在砚台上，也有前例。例如明代碑帖家顾从义（1523—1588），就把十首石鼓文歌全数"摹勒上石"，制成一方精美的圆鼓形砚，作为定本。[4]不过因为要把434个字刻在高度只有10厘米的砚侧周边，字体太小，拓出来的拓片极难辨认。把这十首歌分别排开，每方砚只录一首，使传抄更方便，拓出来的字体不需放大，是很合理的做法。从"石鼓砚"到"石鼓第三研"，可以看出金石古文字学，由文人学者的书斋，走到万千私塾老师和学子的书桌上的普及历程。不难想象，一位在穷乡僻壤的老师，也可能有办法借来一套石鼓砚，一一做拓片，再用来教学生。一方手掌大小的砚石，由区区的写字工具摇身一变，变成课本，也就是知识的载体本身，磨得哑然发亮的石面，被赋以双重的功能性，既是砚又是碑，从石砚的社会发展史的角度来看，可以说是一个莫大的观念性突破。

石砚成了大众普及教育的认字工具，大概始于晚明，至清中、晚期大盛。明清学风，到了清初有一大转折，明亡后，学者如顾炎武（1613—1682）等摒弃心学空谈，专研金石，力主"朴学"。同时，书法家如傅山（1607—1684/5）等摒弃传统的晋唐法帖，改专汉碑，带动了清初大江南北、全国上下的访碑、拓碑活动。[5]工艺馆所藏的一批砚台，见证了这一思想史和书史的重大转折及在社会中、下层的旺盛生命力。除了较专门的石鼓文，还有广大学子所热衷的习字帖，主要是汉碑。一方不起眼、砚边略有破损的"百汉碑研斋缩摹仓颉碑砚"（见图版92），背上刻了俨如一页书版的残缺铭文，中央版心直书标明"百汉碑研斋缩摹仓颉碑左右两侧"，知道这就是现存西安碑林、下端日久残破的"仓颉庙碑"的左右两侧所记载的立碑赞助人芳名和捐款数目。虽然内容沉闷，但一经借拓传抄，足为广大学子提供了临摹汉碑隶书的模板。另外一方"兰亭砚"（见图版4、5），沉重厚大，是典形的"兰亭砚"格局，砚面和四侧刻上《兰亭修禊雅集》的人物画，但刀法粗浅，有些线条还没有完工，砚背刻的就是王羲之行书帖《兰亭序》全文，也许说明了晋唐法帖还享有一定的市场，不过这方砚上刻的字体已经大为走样，希望不致误导太多习字的子弟。[6]

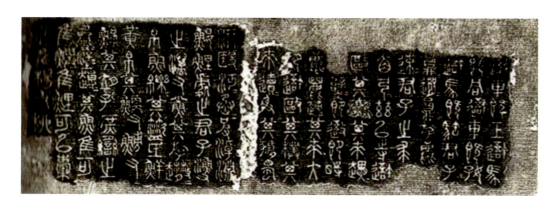

幸亏市面上也流通比较精雅的字帖，例如同样刻兰亭的"刻兰亭序砚"（见图版44）就是名家所作的雅款，不过文字分布在砚底四边，不易按行抄录，大概以艺术观赏为主。另外一方"汪启淑铭云龙砚"（见图版45），背后刻了《治家格言》全文，并注明"乾隆甲子清和月上沉飞鸿堂主人书刻"。飞鸿堂主人汪启淑（1728—1798），字秀峰，出身徽州歙县盐商之家，家道丰厚，以收藏古今篆刻印纽著名。乾隆甲子年（1744），汪只有十六岁。他是否已经自称飞鸿堂主人，又他在杭州的藏品宝库飞鸿堂是否已经落成，暂时未考。[7]这方砚是否真是汪的用品，还是琢砚艺人伪托他的大名促销商品的手法，暂时未敢肯定。不过无论如何，这砚的雕工、刻字都有相当水平，清初理学家朱柏庐（1617—1688）的"治家格言"，到今天还有很多人能朗朗上口，时刻督促大家"黎明即起、洒扫庭除……"，伦理被彻底融进起居生活，这些刻有名副其实"座右铭"的砚台，或多或少起了一定的作用。

辨石识材：端砚鉴赏入门

文人收藏端砚的风气，自唐宋起到清代，一直没有间断过，不过清代的鉴赏市场出现了一些划时代的变化，使清代的端砚生产，带上鲜明的时代特征。元明时代的玩好之士所眷爱的，主要是古砚，由曹昭编著、成书明初的鉴赏经典《格古要论》，名副其实，以"格古"为目标，教人辨砚的卷七，就开宗明义题作《古砚论》。[8]这风气一直延续到明末。当世生产的端砚，成为大家收藏、赏鉴的对象，主要是有清一代的事。清初端州名坑解禁，自顺治三年（1646）到康熙二十六年（1687），开坑六次，[9]采得大量好石料，汉唐古砚存世日稀，无法满足市面大量收藏家需求，琢砚艺人文化水平提升，技艺精益求精，渐渐导致收藏家审美观念改变等等，都是个中原因。[10]清初一位以题铭、赏砚名满福州城的书法家余甸，就作了一首题砚诗，生动地描述了这鉴赏收藏风气的转变：

唐人重端砚，仅识其颜面。

宋人能辨材，近理乃登选。

工巧至今时，入髓能尽善。

佳境以斯寻，旧物焉足恋?

精纯温雅难为言，可惜前贤未之见！[11]

　　面对这典范转移的局面，旧有的知识体系已经不能应付当前需要。米芾的《砚史》无论如何经典，也不能帮助清代用砚者面对众多的端石新坑品种，要如何去辨识的困惑。工艺馆的藏品中，有不少"平板砚"（见图版10、49、50、51、98、104、119），就是承清代大量好石面世，收藏家热衷名目越来越繁多的石品应运而生的产品。[12]一般选用开坑时上佳、带珍贵石品的石材，打磨成四方或长方形砚板装盒，也有在两角或边上略为雕花（见图版78、118），供人赏玩石品纹理，因为板身太薄，并没有日后制砚的意图。这些石板，无论是在当年或是今天，不单便于珍玩，更是教人辨认坑口的绝佳实物教材。清代的玩砚者不能光读古书，或迷信权威，更要积极增长自己的知识，好应付日新月异的市场。于是我们看到，有些玩家，或是出差到端州，或是专程千里迢迢跑到广东，购得的好石、好砚，一一在石上注明具体出处，日久形成习惯。例如民国一位自署山舟的爱砚者，在"刻龙凤琴形砚"背，刻了一段篆书"二吉太平"铭文后，再注明"紫岩端溪西洞不滞墨研细润泽"（见图版124）。

　　这些标识是不是正确，还需要谨慎处理。一位"闽安樵者"，在砚背用隶书大书"宣德岩石"，并志"同治壬戌仲春，得于端州"（见图版70）。明代宣德年间开采的宣德岩石，矿脉短小，已于清初停采，石呈猪肝色，与乾隆时开坑、产量颇多的麻子坑类似，会不会是误信人言，是值得进一步研究的问题。另外一位可能叫作观莲的先生，到手一方"素身叶形砚"，如标示标本一样，在叶背线纹间隔中有板有眼地刻上："端州。老坑砚之二。正坑仔岩石。光绪三十年"（见图版71）。有"老坑砚之二"，可以肯定有"之一"，也可能会有"之三"等，形成如参考书的一系列。用今天的标准来看，老坑和坑仔，虽然同在一个栏柯山，但是洞口相去二百多米，属于不同的坑口，如果是"正坑仔"石，就不可能是"老坑砚"。[13]不过辨误归辨误，在讯息发达、人手百度的今天，我们对清代学人为求取新知识而付出的莫大努力，理应心存敬意，不必过份苛求。

　　除了助人辨识坑口石品之外，砚上刻的铭文还可以让长辈手把手教导儿孙们其他的端砚鉴赏入门技巧。工艺馆有一方刻工细腻的"天然砚"，砚面刻清初流行的云月纹，硯背上方有张照题的"温温紫石。细腻如脂。叩之无声。入化更奇"铭文，印"得天"（见图版15）。这十六个字，从端石的颜色、质感、声音到超神入化的妙境，扼要地转达了鉴赏时眼、手、耳、心并用的灌注和乐趣。得天是清初以行楷书闻名的书法家张照（1691—1745；1709年进士）的字。张是上海人，曾入值康熙南书房。他行楷书的力度，从这方雅砚的铭文可见一斑（亦见于前述"刻兰亭序砚"，见图版45）。

另外一方雅砚，"雕荷叶铭文砚"（见图版31），也有一些来头，是清代有数的文人琢砚家沈廷芳的雅作，琢成后在砚背题诗并注："莲叶、古砚式也。乾隆秋己丑（1769）琢此题示长孙守正。晚芝翁，岁年六十有八"。沈廷芳（1702—1783；1736年举博学鸿辞），号椒园，仁和人，晚年自号晚芝翁，曾掌教粤秀书院，这方砚可能就是他在广州时得到好石自制，并不忘提醒长孙这是古砚式，鼓励他做人也要师法古人，恪守正道。寓赏砚入门知识于做人道理，也是妙计。这方与广州特别有渊源的好砚，后来到了一位孜孜不倦的收藏家手中，还特地从《杭州府志》抄录沈廷芳的生平，仔细地按砚盒大小形状剪裁好，贴在盒盖底部。生动地说明了作为物质教材的石砚，足以让几代人自学自娱，乐在其中。

图四 梅雀铭文砚（广东民间工艺博物馆藏）

雅俗之间话"端样"

在砚上题字赠给儿孙辈，寄托对他们长大后克绍箕裘的愿望，是古来便有的做法。也许是受了乾嘉考据学"实事求是"治学理念的影响，这些题词在清中、晚期变得越来越具体，反而有些像日记。例如"温润如美玉。叔坚重游端州纪念，留付锟儿宝用。壬申春仲记于高要公廨"（见图版123），又或"民国戊辰年（1928）秋月，邹迪齐购于端州"（见图四）。这些题词，无意中提供了关于端砚工艺发展史的宝贵信息，让我们得以确认那些砚台是由端州本地的作坊艺人雕制而不是原石料运到苏州或外省其他地方加工。全国的雕砚工艺，到了清初突飞猛进，各地名家辈出，并有少数开始以艺术家自居，在精制的砚上留名款。如苏州的顾二娘、江南的王岫君、福州的谢汝奇等。这些鼎鼎大名的琢砚名手，在市场兴风作浪，顾二娘更在全国作坊不断被人模仿，可惜无一人是广东肇庆出身。[14]

可以想象，明清时代的端州砚人，占天时地利等优厚条件，世代祖传以石为业，又精于辨石，手工艺应该不会比苏州、福州的能工巧匠差，但是因为缺乏在全国有威望的名人吹捧，结果大都只能默默无闻告终。[15]端州在全国文化市场缺乏如江南苏、杭地区享受的文化资源，艺人在本乡之外出不了名，形成一个恶性循环，人们以为端州雕砚只有大路货，没有精品，甚至有人以为端州只以生产、供应石璞为主。一本在乾隆年间教当铺掌柜鉴定文物的手册，说到"端砚"时只当它是一块带眼的石头："端砚，出于广东肇庆府，其石上中下三种。上种有黄绿纹，有眼是绿的，人久观之，夺人眼光。其眼即是石中之斑点，有死眼有活眼。夺人眼光者，其石光润，其色碧绿。"[16]无论雕工是粗是细，开池是深是浅，掌柜定断一方石砚能当得起几文钱的，全凭看石眼。石工和鉴赏家同样用长期累积得来的经验去辨认一方端砚出自几十个坑口的某坑某洞，到了当铺先生手上，石材只笼统分上中下三等，真有点令人啼笑皆非。

社会上对端州雕工的偏见，造成今天我们很难对历史上的端砚工艺有较全面的认识，也使"端砚"这名词，在概念上模糊不清，既指外地，尤其是苏州巧匠用端石雕制的砚台，也指肇庆的砚人用本地各坑石所做的精品、次品和大宗货。要做这工作，不妨从整理那批带着"×年×月×××购于端州"款识、得以确认是在端州地区雕琢的端砚入手，再配合民俗学家做的田野调查，尤其是陈羽先生在黄岗白石村的雕砚世家郭家和罗家发现的祖传砚谱[17]（就是一方精砚雕好后用墨拓的拓片，以供存样），把传世实物和砚谱对比，看看有哪些图样设计，能够互相吻合，也许先从资料较丰富的清末民国做起，再逐步往清中叶推，还原每一个时代的端砚工艺特征和市场潮流风气。

这研究也许能帮助解决另外一个相关的疑难，就是何谓在宋代文献中屡屡出现的"端样"。早在北宋，"端样"这名称便见于婺源令唐积所作的《歙州砚谱》。在描述了歙石的产地、石品、纹理后，在"修斲第五"讨论使用上过蜡的歙砚时，要如何发墨和洗涤等技术问题，然后在"名状第六"一节，罗列了当时流行的歙砚器形，其中第一就是"端样"，接下来有以官职来命名的"舍人样"或"都官样"，也有具体状物的"月样""瓜样""莲叶样""琴样"等四十种，有的唐积赞为"古雅"，也有的被贬为"俗"。他把雅款制图，不过图谱已失传，所以今天无从得知他根据什么评雅俗。[18]比唐积稍晚的米芾（1051—1107），指出"今歙人最多作形制，而土人尤重端样"。他解释，所谓"端样"就是"以平直斗样为贵"。不过米芾对砚工的判断很有意见，"得美石无瑕，必先作此样，滞墨，甚可惜也"[19]言下之意，是砚工本身不磨墨写字，只盲目跟潮流，以致浪费了好石材。综合这两则笔记，可以得知，在北宋米芾有生之年，"端样"是极为流行的砚式，不过其好坏见仁见智。以"砚之用"为取舍标准的米芾，嫌它设计本身有缺憾，过于平直，不利发墨。最耐人寻味的是，在北宋"端样"指的是砚形而不是石质，以制作端样闻名全国的，是歙州的砚工，用的很可能是就地取材的龙尾石，不是端石。他们是在模仿端州艺人的砚形或是伪托端州的美名另创时尚，不得而知。歙州砚人心思灵巧，不断推陈出新，构思新砚形推出市场，却是无可置疑的事实。歙石和端石，都是宋人喜爱的砚石，不断被人争论短长。端、歙之争，既争口碑，更争市场地位。米芾又提及，"余尝恶歙样俗者，凡刊改十余砚，才半指许，便有病见，顿令人减爱"。[20]可见当时有端样，也有"歙样"。米芾又言，"其端人不斫成，只持璞卖者，亦多如是"。可见当时端州出产的好石，有的是琢成砚台运到中州，也有的是原璞出售。比米芾长年数辈的苏易简（958—997），就曾明确表示，在端溪"匠琢迄，乃用其草裹之，故自岭表迄中夏而无损也"。[21]北宋大书法家蔡襄（1012—1067）提及，端州"居端岩侧"有一位叫崔之才的作坊老板，"家蓄石工百人，岁入砚千，数十年无可惬意者。"[22]显然，北宋时中原的文人所接触到的端石，有大量琢好的成品砚，也有未雕的石璞。端州雕砚艺人的手艺，当时是受到肯定的。

到了南宋末年，江东曹继善在他的《歙砚说》中，"旧有古端样，并世传晋右军将军王逸少端样，皆外方、内若峻板，然使墨下入水中，至写字时更不费研磨之工。今之端样，盖其遗法也"。[23]可见"端样"日新月异，机灵的歙砚艺人，把古时晋代的书法大师王羲之请出来，为南宋的新端样砚增风采。时移世易，同一个标签，可以有旧、今的不同面相。同一个时代，也不难想象会有不同形状的端样砚。从米芾"平直斗样"和曹继善"外方、内若峻板"等形容，可以想象宋代的端样砚，外墙平直，转角处近九十度直角，砚堂也平直，并以较大角度向砚额前倾。

南宋末的赵希鹄，记载了另外一则有趣的消息："今端溪民负贩者，多市辰州砚璞而归，刻作'端溪样'以眩人。江南士大夫被获重价。"更妙的是，与端人接触日多，湖南人也雕起端样砚。"若辰沅人自镌刻者，则太雕琢，或作荷莲水波、犀牛龟鱼、八角六花等样，藻饰异常，虽极之巧，而材不堪用，此亦辨辰沅研之一法。"[24]可以想见，在南宋"端溪样"不只"外方、内若峻板"一类，也有其他的象物图案和吉祥纹样等多种类形，不过一般布置较为简练，不致于仿冒者流于粗俗的堆砌。从歙人以制作"端样"出名，到端人用辰州石冒端石，但用真功夫雕端样砚，再到辰州人用辰州石雕端样砚去哄人耳目，我们可以清楚地认识到，宋代石砚市场竞争激烈，文人赏砚风气鼎盛，促进各地琢砚水平提升这一盛况。在这种情况下，要勉强去鉴定哪一方是正宗的端样砚、哪方不是，是非常困难的事，而且也许是没有太大意义的。工艺创作，没有抄袭模仿，就没有进步。临摹，一直是中国书画艺术追求完美的不二法门。歙、端、辰三地，和其他地方的砚人，也认识这个道理，所以对端砚有兴趣的人士，在钻研老坑、坑仔、麻子坑的同时，不妨也好好重视歙石和历代的歙砚谱，说不定会有意想不到的收获。

元明时代，"端样"或"端溪样"有没有继续在市面上流行，形成品牌，因为资料缺乏，暂时存疑。至于端、歙之争，因为龙尾石受元代兵乱影响，产量大减，雕砚工艺也一蹶不振。明代虽然有零星开采，但也丝毫动摇不了端溪石从明到清末独领风骚的地位。[25]这五六百年间，端石开采的情况已经整理出一个较为清晰的图像，但雕砚工艺的发展还有待系统性的研究。明永乐重开水岩、宣德年间开宣德岩、万历二十七年（1599）再重开水岩、崇祯末年风雨飘摇，两广总督熊文灿备兵之余，秉夜缊火开熊坑等，都是砚史上的大事，历朝学者都有考证。[26]屡屡掘出的佳石，曾为端州雕砚艺人带来什么技术上的挑战或艺术上的创新机会呢？这些新砚式，哪些最受学子欢迎，以至传世较多，又有哪些是不被市场接受，或是被时代淘汰的？石砚的形制，特别是砚堂的大小、深浅，又如何影响了习书法和绘画的人们的身体习惯，乃至笔法、风格？这些和其他饶有意义的问题，有待大家和志同道合的同好一起品茗、观砚、读书，仔细探讨。

闽、粤巧匠与"四会款"

说到"端样"，可以顺便一提在雍正、乾隆年间出现的"四会款"。说穿了就是新上任的四会令黄任（1683—1768），带了两位福建侯官同乡幕客，包括琢砚名家杨洞一到广东，在肇庆官署桄榔树荫底下为他制砚，端州当地的琢砚艺人因此接触到新技法，创出一批新砚，伪托黄的大名以求高价，这一件不太光彩的事。黄和杨的挚友游绍安曾亲自造访端州，记录了这事的内幕："洞一凤擅李少微艺，别未数年，竟卒于粤东。"李少微是南唐李后主的琢砚神工。"粤工犹有师其法制石，膺莘田[黄任字]鉴识，匣以紫檀，漆里嵌玉，号四会款，珍重炫肆，索价无量。"[27]膺砚要托黄任的大名，不单因为他是公认的砚癖，蓄有海内知名的"十砚轩"名砚，更因为他是身世传奇的清初女琢砚家顾二娘的赞助人兼老主顾。黄任因此成为"佳砚"的代名词。作伪者往往在砚上刻上他的名（黄任）、字（莘田）、号（于莘）、外号（十研翁、十研老人）、斋名（十研轩），或宅第名（冻井山房、还翠楼），以高身价，粤东的砚工，只是有样学样而已。后来这些题款曝光过度，作伪者再创新招，隐去姓名，只题诗句（一寸干将割紫泥），钤印（得少佳趣），或者题"黄娟幼妇"来隐喻黄任是闽中首屈一指的诗翁（后续句"绝妙好词"）。

图五　董汉禹（沧门），夔纹池砚背自铭，吴笠谷藏。（出自《万相一泓》）

这些"四会款"砚，究竟是什么样式的呢？端砚艺人从福州同行杨洞一和同伴董汉禹身上，学到什么伎俩？游绍安的描述，对砚台本身没有太多着力，只说粤工学了闽工的"法"，到是对砚匣大大地形容了一番：用的是珍贵的进口紫檀木，涂漆，面上镶嵌玉块。这是清初宫廷造办处生产的典形砚盒形式之一，可能是从广东被召进宫的砚匠把相关工艺带入宫中砚作，后来回乡时又把这宫廷作风传回民间作坊，成了民间流行的高雅砚匣设计（参见图版49、50、56）。紫檀木件、家具是清初广东的特色工艺之一，从雍正年间便进贡到内廷。[28]这些粤工可说是使尽了当家本领。至于砚式，我们可以从与杨洞一同时到粤东为黄任琢砚的董汉禹的作品中找端倪。杨琢的砚，并不带名款，所以难以确定他的个人风格。有幸的是，董是清初少数留款的名匠之一，传世两方砚，一方自署他的字"沧门作"，另一方砚面刻古朴的夔龙池，砚背刻有他的楷书铭文，题"沧门禹铭"（见图五）。珍藏后者的砚学家吴笠谷先生，形容这是清初承明风，"文人砚的典形特色"。[29]《福建印人传》："沧门善写松竹，精治端砚，工篆刻。"[30]粤工所"师"的"法"，可能就是素净古朴的文人砚风格。

综合以上列举的零星资料，可以得知："四会款"以清初广东宫廷式的名贵紫檀涂漆嵌玉的砚匣包装，石砚本身的形制是古朴的文人砚风格，砚上刻有黄任的各种款识。如果要在茫茫砚海中，找出一方符合这些条件的，首选之一就是工艺馆藏砚中，一方带有名匠款识的"云月砚"（见图版56）。首先，这砚的砚匣，是紫木精制，盒面镶嵌象牙虎形印纽，虽然不是玉纽，但也是宫廷砚作常用的名贵素材。其二，石砚的面、底设计，都是典形的清初文人喜爱的素材。砚面刻的是清初流行的云月纹，以云雾渐开乍现的圆月作水池，黄任和身边的友人，尤其是杨洞一的篆书老师林佶，都有类似的端砚（参见图版42"云海日出砚"；图版105"山水铭文砚"；图版106"山水铭文砚"）。[31] 砚底则刻一幅山水画，右上角是斜插出水波的山石流云，左边有两棵苍松生长在一块突出水边的大石上，水面有一轻舟徐徐向右滑行，导引观者的视线，慢慢移至右下方的题款"吴门顾二娘制"。

大胆假设这方可能就是"四会款"（或是后来模仿四会款之作）的最大理由是砚侧的题词。右侧：隶书直行"得少佳趣"，下押"黄娟幼妇"篆书印。左侧下端："十研主人"和"黄任珍藏"二方印。四者都是作伪者常用的黄任鉴识，仿佛怕人走宝，刻一二个款识不够，要多至四个，更索性把人们常和黄任联想到一起的顾二娘也牵连进去。也许有人会问，为什么排除这是顾二娘或黄任真品的可能性？当然不能绝对否定。严格来说，要科学地鉴定一方名人砚，需要实物和文献对应，最好是找到在琢砚同一年代和砚人有直接交往的时人所作的文字记录。如果找到一二方恰好物证、文证吻合的，可视为"标准器"，作为辨认其他相关物的凭据。尤其是鉴定那些在他们有生之年便已有大量伪作出现的顾二娘、黄任款砚，更应谨慎从事，单凭一个款识，或是砚台本身质美工良，是不能令人信服的。[32]愚见认为，目前我们能掌握的实物和文献资料有限，并未能准确地辨认任何一方顾砚的真伪。对一位收藏家来说，固然希望手中拥有价值连城的真品顾二娘砚，或是真品黄任砚。但是，对于关注砚的"文化传记"和端州雕砚工艺传承的人来说，有可能找到一方四会款砚，是更值得庆幸的事。因为这方砚，告诉我们清初端砚雕制，渐渐开创出一条文人砚的新路，以铁笔刻画山水（参见图版21"五岳真形图砚"；图录105"山水铭文砚"）。这种尝试，是在与福州城来访的闽匠交流切磋下成功的。虽然伪托黄任款的做法不值得钦佩，但是粤工接受新事物的敏锐，追求技艺的努力，和清初砚坛的热闹，都使人认识到琢砚工艺不光是谋生技能、身边的艺术，也是闽、粤地方文化的精华部分。

图六　云纹双面砚（广东民间工艺博物馆藏）

成双成对、砚寓吉祥

使人意想不到的是，端砚的雕琢工艺，到了光绪年间进入了前所未有的创作高峰，比清初更显得有声有色。新颖的题材，如"刘伶醉酒"等戏剧性场景（见图版90），扩大了端砚的艺术语言。大胆的空间处理，显示在具体而微的小地方，特别是在水池部分，例如用圆熟的卷纹，精确地刻画出水池边书卷或卷云的立体维度，增加书卷或云气的实感（见图版77、85）。尤其是出现了双面砚（见图六及图版69、72、88）和对砚（见图版49、50、84）等崭新形制，使人耳目一新。古人有时爱用两个墨堂并排的"孖砚"（参见图版27、69），好方便储墨写字，但是双面砚不能同时两边使用，又有什么实用价值呢？更有一些双面砚，被配成对砚，也就是一套两方石砚，总共有四个平面墨堂（参见图版75、76、115）都是以约二厘米厚的平板砚的形式出现。

为什么砚台会出现成双成对呢？有可能是跟石材有关。名重天下的老坑水岩石，在清代历经开采，到了嘉庆年间，已经日渐衰竭，只见水洞越开越大，已无甚石脉可采。物以罕为贵，广大的爱砚者，意识到老坑资源的有限性，更把老坑的石头，推崇到狂热的地步。湖广总督张之洞在光绪十五年（1889）批准重开老坑，成为有清一代的广陵绝唱，是当年砚坛的大事。所采到的好石，把鉴赏石品的风潮推到极致，以至供人赏石为主的砚板，成为一时风尚。琢砚艺人更是出尽巧思，把较厚的石板对称地一开为二，成为一对，并在边上浅雕新颖的山水纹、桃花纹等，既平添赏玩雅趣，也可遮掩舍不得打掉的石皮上的瑕疵。为方便人们正、反两面来回翻转，欣赏不同的石品花纹走向，也有的干脆刻成双面砚，成为新时尚。也许是取"好事成双"的意头，有一双对砚（见图版84），刻意用歪向一边的云蝠纹，和粗细不均的左右砚边，去强调这一双砚，不宜拆开，只宜成对欣赏。

这些光绪年间端砚工艺概念性的革新，是和工艺技术上的革新相辅相成的。雕砚艺人可能意识到好石迟早会取尽，更激

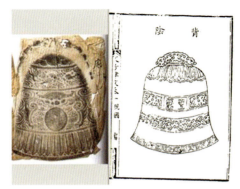

图七　钟形砚背。左至右：1. 白石村罗家砚谱；2.龙纹钟形砚（图版87）3.《文房肆考》1.24a.b 以荷距横条区间的形式排列纹样，尤其是罗家砚谱钟砚下区的蕉叶纹，可能是受青花瓷瓶启发

起雄心，在雕工上力求尽善尽美。就算是承袭传统形制的"钟形砚"，工艺馆所藏的一方光绪精品（见图版87），就充满现代感。光绪钟砚的挂纽和钟的两侧，刻满复古的龙纹，砚台的水池，布置在半月形钟纽的中空部分，尤其见巧思。这方钟砚的形制，和乾隆末年成书的《文房肆考》所载的"北宋钟砚"相类，不过砚池一虚一实。[33]也许清末的端砚艺人，钻研砚艺，曾参考过成书的砚谱。他们据图录所琢成的石砚，拓片存样也叫砚谱。更有可能的是，《文房肆考》所载的砚谱，本身是从砚匠作坊借来刻样上版，出版后又供其他广大砚人参考（见图七）。文人出版的图录、艺人手雕的石砚、艺人手拓的砚谱互相参照。精益求精的技艺，就是在这些不同媒体之间来回反弹的过程当中磨练出来的。工艺知识的雅俗，在文人和砚匠的交流碰撞下，已经很难区分。

图八石面满布精密的雕花，尤其是受乾嘉金石学影响而大为流行的复古青铜器纹饰，是同治光绪朝雕砚工艺的特色。那方"兽面龙纹双象耳瓶砚"（见图版72）就是以隐起的浮雕线条，穷奢极侈，使人目瞪口呆的作品。隐喻"太平有象"或"四海升平"的瓶形砚，和寓意"食禄万锺"的钟形砚一样，因为语带吉祥，同是端砚艺人钟爱的题材，不过一般的瓶式砚，只以墨堂外形肖双耳瓶身，墨池肖瓶口，砚身形制依然是传统的长方形（参见图版62、89；见图九）。

两方工艺馆藏光绪朝的双面砚，摒弃了长方外形，把砚身切割成瓶状，加强了实物的质感，是较新的尝试（参见图版70、72，图十、十一）。其中一方"太平有象砚"（图版70）琢者把砚身想象成一片平板的青铜礼器，面上布满饕餮、回纹、雷纹等复古但是新创的线纹。虽然砚面平板，砚身的上部却充满仿真的立体感，瓶耳是体圆凸出平面的象鼻，鼻端立体地盘在瓶身，作为砚池的瓶口，像一潭不见底的深水。这些出人意表的空间经营，灵感可能来自雕塑艺术，传达了清末端砚艺人一方面植根传统，也同时超越传

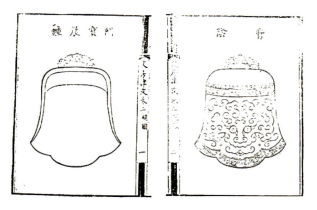

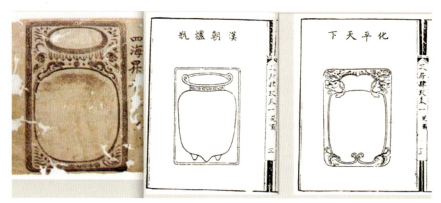

图八　《文房肆考》另载一方钟形砚谱，题名"开宝晨钟"，砚背雕复古饕餮纹，2.1b—2a

图九　左至右：1.白石村惠福坊罗家砚谱；2.《文房肆考》1.12b,13b.

图十　刻花树瓶形砚（广东民间工艺博物馆藏）

图十一　左至右：道光年间白石村罗家砚谱；2.兽面龙纹双象耳瓶砚（图版72）；3.《文房肆考》1.8b

统的野心。

　　另外一方"兽面龙纹双象耳瓶砚"（图版72），砚石的石面布满老坑石特有的冰纹、冻、青花、火捺和银线等名贵石品，可能是光绪年间新采的"张坑"石。砚池大书"陈氏世保"，可见其受宠爱的地步，可惜结果未能如愿，被存放博物馆公诸于世。这方空前绝后的单品砚，石材得天独厚，无论是形制、平面处理、雕工，都显示了光绪年间端砚工艺的革新精神。不过每一方单品砚，无论如何出众，其实都是数百年雕砚世家的技术经验累积，砚形的美好寓意，尤其植根于古老的、普遍的民间祈福心理。从这角度看来，是单品砚也好，大同小异的商品砚也好，都承载了端州采石工、雕工、商人、文人、学生们的求生、求知、求上进、保平安的原始愿望。

　　广东民间工艺博物馆（陈家祠）的藏砚，虽然不以名人贵石为前提，但是岁月积累

附： 　　　　　　　　　　　　　　　"图录所载端砚主要吉祥纹样"表

	宋、元	明	清早期（康、雍）	清中期（乾隆）	清晚期（嘉、道、同、光）	民国
龙吐珠、龙戏珠		#7，#8		#30，	#70，#102	#108，#124
龙云		#9		#34，#45	#86，#99	#115#123，#126
夔龙		#11		#34，#36，#39	#72，#73，#74，#79	#108
龙纹、龙凤				#34，#65	#87	#124
凤、双凤、凤竹				#60，#61，#65		#124
蟠螭		#25		#40，#46，#62	#99	#109
蝠、云蝠、蟾蝠、蟾云		#24		#35，#48，#62，#68	#80，#81，#84，#85，#95	
云、云月		#15		#42，#56		#117
瓜、瓜蝶、瓜果				#41，#69	#88，#96	#116，#118，#123，#125
瓶形、太平有象（长方砚身）				#62	#89	
瓶形、太平有象（瓶状砚身）					#70，#72	
钟形、食禄万锺					#87	
花、桃花、梅花、梅雀				#54	#52，#75，#76	#123
鹦鹉		#26				#116
灵芝		#6			#70，#83，#86，#99	
蟹（二甲传胪）		#6	#28		#103	
蜘蛛				#60，#61		
博古（琴、汉镜、如意、书卷、文字）		#11	#19，#29	#38，#68	#77，#79，#90，#97	#113，#124

下来，也有一批托名或真正名家使用过的藏品，尤其是一些广东本地出生的闻人，或是与广东有过渊源的外省人，前者如屈大均（见图版103）、苏六朋（见图十二）、吴昌硕（见图版114），后者如阮元（见图版49、50）、高凤翰（见图版24）、高其佩（见图版23）、高兆（见图版17）、沈廷芳（见图版31）、袁枚（见图版38）等。足以见证岭南地区的文风、画风鼎盛。在砚上留名的，同时也有姓名一时无考或生平不详的，如研究"河图洛书"秘文的粤濂史（见图版58）、一位乾隆晚期在饶平瑞光书院任教或就读的林梦椿（见图版42）、一位赠砚给博文五弟的无沙老人（鹤山书画家冯权，见图版121），甚或在自来水笔的现代，一位吕尚志送给若德牧师游学中国纪念（见图十三），都让人感受到砚台是多么受人珍爱的身边物、纪念

图十二　瓜纹澄泥砚（广东民间工艺博物馆藏）

图十三　松鹤龙纹砚（广东民间工艺博物馆藏）

品。其他的无款端砚，想都是曾陪伴过不少无名氏求学谋生、交友应酬、吟诗作画、珍藏鉴赏，侥幸保存到今天。

这部图录所介绍的端砚，每方背后都有一段历史，诉说着大大小小的故事，虽然有些故事我们暂时还未能听懂，但若细心聆听，不难感受到过去小学生读书写字的艰难，琢砚艺人追求技艺和市场地位的拼劲，文人墨客寄情片石的乐趣，或官僚幕客在宦海应酬的辛苦。无论雕工是精雅还是民俗，这些石砚都或多或少地表达了在工业革命以前的手工艺时代，人们追求"天时、地气、工巧、材美"的共同愿望，[35]更呈现了广东民间工艺的地方特色，真可说是雅俗共赏。

注 释

1　Igor Kopytoff, "The Cultural Biography of Things," in The Social Life of Things: Commodities in Cultural Perspective, ed. Arjun Apppardurai New York: Cambridge University Press, 1988.

2　上："张廷济印"，下："张叔未"。蔡鸿茹先生在论及一方清人叶志诜摹文徵明楷书端砚时，把这类砚称为"文人书法砚"或"文人砚"，很有启发性。见《中华古砚一百讲》，天津：百花文艺出版社，2007年，240页。可以略作补充，这些书法砚，质量有雅有俗，使用者不一定都是文人，也可能是学生。

3　石鼓的年代，历代很有争议，有春秋说和战国说等。民国金石学家马衡（1881—1955）认为是先秦缪公时代物。见《石鼓为秦刻石考》，作者自印，1931年序。无页数。乾隆制鼓事见同书。马氏在民国初年到北平国子监将十方原鼓一一摄影，后又作拓片，均以凹版按比例制图（见图二），附前引书后。参Gilbert Mattos, The Stone Drums of Ch'in Nettetel: Steyler Verlag—Wort und Werk, 1988。今人一般肯定是战国晚期遗物。见刘星，刘牧：《石鼓诗文复原译释》，贵阳：贵州大学出版社，2011年。

4　"顾从义摹刻石鼓文石砚。明"，见天津博物馆编，《天津博物馆藏砚》，50—51页。顾从义，字汝和，号研山，上海人，以善书法入殿应试，授中书舍人一官，以收藏书画、考订碑帖著名，著有《法帖释文考异》等书。这砚本身及面上石鼓文的拓片，见王念祥，张善文著：《中国古砚谱》（见图三），北京工艺美术出版社，2005年，128—130页。对比之下，可以看到"石鼓第三研"字体的失真。

5　傅山研究见白谦慎：《傅山的世界：十七世纪中国书法的嬗变》，北京：三联书店，2006年。清初访碑活动，见薛龙春《郑簠研究》，北京：荣宝斋出版社，2007年。

6　蔡鸿茹先生说这些兰亭砚不少是民国制品，流通量很大，因为特别是在海外，"据说没有兰亭砚，称不上是收藏家"《中华古砚一百讲》，260—262页。兰亭砚的原形，自宋代开始流行，参见"洮河石雕兰亭修禊图砚"，载张淑芬主编：《故宫博物院藏文物珍品大系文房四宝·纸砚》，27—31页。这方砚背上刻的是"浴鹅图"，不带文字。刻《兰亭序》全文的习惯，可能起于明代，参见安徽博物馆藏一方"洮河石兰亭修禊图砚"，载中国文房四宝全集编辑委员会编《中国文房四宝全集》，80页，图版说明45页。

7　最早是在1746年，汪曾招待来访的族姪汪成在飞鸿堂下榻，可知飞鸿堂在1746年已落成启用。汪开始编《飞鸿堂印谱》是1745年。佘彦焱《汪启淑年谱》，载《明清徽州篆刻学术研讨会论文集》，杭州：西泠印社出版社，2008年，146—147页。感谢曾专书研究汪启淑的吴玉廉先生提供资料。

8　传世的《格古要论》，是曹昭在1388年成书，后来由王佐在1459年增补，可以说是代表了元明之际的鉴赏风气。

9　"凡六开坑"，见吴兰修（1789—1839）：《端溪砚史》（1850？），载《端溪砚考集成》，51页。另外得知，康熙年间，朝天岩开始采石（刘演良《端砚的鉴别和欣赏》，28页）。雍正三年，开老坑中洞（刘，前书，15页）。顺康年间开的坑，具体在何处，牵涉到"水岩"是否就是"下岩"的争论，刘演良先生认为二者同为一岩，也就是"老坑"，见《附录一：关于端溪下岩与水岩的争论》，载氏著《端砚全书》，香港：八龙书屋，1994年，125—134页。李遇春先生则认为宋代的下岩不止一个，其中包括了明清时代所谓的水岩，也包括了庙尾、飞鼠和坑仔岩，见《重论水岩与下岩》，载高美庆编《紫石凝英：历代端砚艺术》，香港中文大学文物馆，1991年，151—159页。关于老坑开坑和石品，参见刘氏《端砚的鉴别和欣赏》，14—21页。

10　清初当代砚的鉴赏市场形成，详见拙著The Social Life of Inkstones：Artisans and Scholars in Early Qing China, Seattle：University of Washington Press, 2017, 第五章。

11　余甸，题《黄莘田先生三坑砚》，载《余京兆集》，民国钞本，福建省图书馆藏，无页数 [18a]。余甸（生年不详—1733），初名祖训，字仲敏，改字田生，福建福清人，康熙丙戌（1706）进士。

12　平板砚，又称砚板，宋代已有。南宋人曹继善说："或有为砚板、砚镜之类，微挱其首而已，或直用平石一片，别以器盛水，旋滴入研墨，以此知今人不如古人书字之多耳。"言下之意，是真的有人用砚板磨墨。曹继善：《歙砚说》，6b—7a页。载陶宗仪（活跃于1360—1364），陶珽：《说郛》一二〇、续四六，顺治三年（1646）刊，卷九六。哈佛燕京图书馆藏本。那方"龙吐珠长方砚"（图版11）会不会就是这样使用？

13　屈大均《广东新语》记载："水岩在老坑之内……又入为下岩，名曰康子岩者也。"香港：中华书局，1974年，卷五，188页。观莲可能因此认为康子岩在老坑内，推想坑仔是老坑之一。这问题牵涉到前注10提及的水岩是否下岩的争论。

14　顾二娘生平，见拙著《清初女琢砚家顾二娘生平小考》，《故宫文物月刊》第三九九期，2016年6月，98—107页；顾、王岫君与谢汝奇作品，见Social Life of Inkstones, 第四章。又见吴笠谷，《名砚辨》，174—296页。清末广东制砚名家，有白石村应日坊端砚世家出身的郭祯祥（字兰祥），在光绪壬辰（1892）自题现藏广东省博物馆的"千金猴王砚"左侧，但是用字和前人不同，题"郭兰祥作砚"。见《紫石凝英》，118—119页。郭家系谱见陈羽：《端砚民俗考》，北京：文物出版社，2010年，246—254页。清末谢里甫亦曾在作品上留名款，但暂时未能找到明清案例。

15　陈羽先生考证了端砚世家的族谱、技术传承、口头传说和行会组织，见《端砚民俗考》，第七至十一章。在民国，肇庆黄岗的采石和制砚是分工的，各有行会，有凿石行和端砚行。行会最早何时成立，待考。各村也有分工，如宾日村主要生产大路货，白石村惠福坊和应日坊则生产较精致的雕花砚。132—133；152页。

16　《当铺集》（乾隆24年钞本），55页，收《中国古代当铺鉴定秘籍》，《国家图书馆古籍文献丛刊》，北京：全国图书馆文献缩微复制中心，2001年。

17　陈羽：《端砚民俗考》，30—31页。

18　唐积：《歙州砚谱》，5—6页。卷末有"大宋治平丙午"（1066）等字，得知唐是北宋人。

19　米芾：《砚史》，引自《端砚大观》，107页。

20　米芾：《砚史》，引自《端砚大观》，107页。米芾称曾亲游端州，所以我们不能肯定"持璞卖"的端人，是在端州还是在汴京。关于"端歙之争"，见吴笠谷《王谢风流各自夸》，收《名砚辨》，北京：文物出版社，2012年，333—343页。

21　苏易简：《文房四谱》，《砚谱》"二之造"，《四库全书》版，3.3b。上海古籍影印本，1996年，84—30页。

22　崔之才事见蔡襄，《砚记》（写于皇祐癸巳年），参吴笠谷，《名砚辨》，336页。

23　曹继善：《歙砚说》，6b页。曹的年代不可考，但《歙砚说》被高似孙（1184进士；d. 1231）《砚笺》录载，可知是高前辈或同时人。《砚笺》载："右军端样，外方内峻坡，墨下入水中，不费研磨。"日本文政五年版，哈佛燕京图书馆藏，1.5b.

24　赵希鹄：《洞天清录》，引自《端砚大观》，126页。

25　明代歙砚有零星开采的事实，是歙砚专家胡中泰先生在实地调查时确认的。见氏著，《龙尾砚》，南昌：江西教育出版社，2001年，17—19页。

26　明清人记载元明端州开坑历史，较受学者信赖的有：计楠，《石隐砚谈》；高兆/固斋《端石论/端溪砚石考》；吴兰修（1789—1839，1808举人)《端溪砚史》（1850？)，均见现代排印本《端溪砚考集成》，广陵古籍刻印社编，扬州：江苏古籍出版社，1999年。参刘演良《端砚的鉴别和欣赏》，14—28页。

27　游绍安：《二砚记》，收《涵有堂文集》，《四库全书存目丛书》集部，第二七三册，齐鲁书社，1997年，273—556页。游绍安（1682—1756尚在世；1723进士），字心水，福清人。他是在乙巳（1725）年访肇庆，追记四会款事时已是丁卯（1747）年。杨洞一，又名杨二，与兄中一从侯官书法家林佶学篆书。黄任出任四会令，兼管高要，时雍正二年（1724）。

28　杨伯达：《清代广东贡品》，香港中文大学文物馆，1987年，25页。清初宫廷式的嵌玉紫木砚盒例子包括天津博物馆藏"曹学佺铭凌云竹节端砚"，盒盖彩图见王念祥、张善文《中国古砚谱》，84页。

29　吴笠谷：《名砚辨》，210页。该砚放大彩图见吴笠谷编著《万相一泓：吴笠谷制砚、藏砚及书画艺术》，韩国果川市：秋史博物馆，2015年，143—144页。

30　《福建印人传》，41页。

31　云月砚的变种，是圆月扩大变成墨堂的"海天浴日"，有关例子可见《天津博物馆藏砚》，75，78—80，93页。其中二方琢者谢汝奇，是杨洞一、董沧门相熟的福州琢砚家。谢为黄任精刻一方云月砚，见上海博物馆编《惟砚作田：上海博物馆藏砚精萃》，上海：上海书画出版社，2015年，92，93页。工艺馆藏"簸箕砚"（图版112），亦带伪托"吴门顾二娘制"款。

32　蔡鸿茹先生的独到经验之谈，见《浅谈中国古砚鉴定》，载刘红军编《论砚：中华砚文化高峰论坛》，北京：中国书店，2011年，42—46页。

33　唐秉钧：《文房肆考图说》，自序乾隆乙末（1775）。收续修四库全书编纂委员会编《续修四库全书》，上海古籍出版社， 2002年，1113.子部、谱录类。

34　陈羽：《端砚民俗考》，30页。以下白石村罗家砚谱均由陈羽提供。

35　"天有时，地有气，工有巧，材有美。合此四者，然后可以为良。"出《周礼》，《冬官考工记第六》。徐艺乙先生认为这是传统手工艺品的审美标准，见徐艺乙《手工艺的文化与历史：与传统手工艺相关的思考与演讲及其他》，上海：上海文化出版社，2016年，54页。

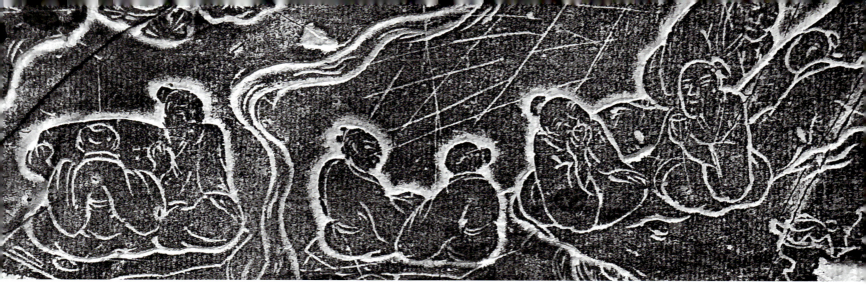

广东民间工艺博物馆的藏砚中，有一方遂闲堂写经研（砚）（见图一、三，图版16），造形简洁，有原配盒。初看平淡无奇，细研究砚上铭文及盒内贴有的一则题识文字（见图二），始发现这砚含有一段清早期活跃于天津张霖遂闲堂的文人雅事；翻查相关资料，进一步了解到张霖遂闲堂在当时天津南北文化交流和发展中的重要作用以及张氏家族数代的兴衰始末，颇有意思。

砚以朝天岩端石琢成。长方形，长14.1厘米，宽9.7厘米，厚1.5厘米，砚面门字式，砚堂开阔，深凹月形池，砚额雕卷草纹；侧刻隶书："遂闲堂写经研"；砚背平，居右下刻行书铭九行："眼中才子谁为是？燕山北道张天津。此时破雪拥万卷，手中笑谢酒半巡。一觞一韵字字真，的真草稿惠何人？羡君颠死张颠手，羡君摧折李白神。赠我双箧称二妙，秋毫小楷堪绝伦。至今停笔不敢和，至今缩手时为亲。知我潦倒病，念我无发贫，授我以心法，忆我相思陈。入城出郭两苦辛，倾心吐语皆前因。落落无知己，满面生埃尘。奇哉奇不已，长啸谢西秦。"下署："石涛上人雪中怀我高祖笨山公长古一首元孙虎拜敬铭。"配盒底内贴有一则行草题识七行，虽有残缺，但仍可辨："吾家中衰，先伯父曾徒步走桐城□□（望溪）侍郎。侍郎为作书使赍淮，上书惟一言，曰：方伯遂闲公孙也。遍访吴梦故旧，得其倾助以归。随身之物仅此一砚，弃养前夕郑重畀余，并述风雪跋涉之苦。弥留时曾梦清湘来招，并诵其赠先人之句不置。此恍如

图一

图二

昨日事，□之泪下。因即以石师付铭于砚背，以昭示我子孙□□。"下署"乾隆戊申（1788）啸崖氏识于妙香阁"。钤印二"张虎拜印""啸崖"。

一

"遂闲堂写经研"，遂闲堂是张霖的室名。张霖（1658—1713），字汝作，号鲁庵，又号卧松老衲。抚宁（今秦皇岛市）人，其父"希稳（张明宇）顺治间行盐长芦，遂家天津"。[1]张霖生平在《天津府志》《津门诗钞》《重修天津府志》《永平诗存》《续天津县志》《大清畿辅先哲传》《天津县新志》和《天津历史名园》等均有记载。康熙二十年（1681）张霖由例贡官工部营缮司主事，后升兵部车驾司郎中。期间"以母老告归，筑'遂闲堂'，一门和聚，极林下奉亲之乐。母没（康熙二十八年），归葬故里，结庐墓侧，曰'思源庄'，以志哀慕。既久居沽上，益饰池馆，务极幽胜，法书名画之属充牣栋宇，延纳四方名俊，相与飞笺刻烛，觞咏其间"。[2]丁忧三年，补原官，任陕西驿传道；康熙三十四年（1695）六月升安徽按察使；[3]康熙三十七年（1698）九月升福建布政使司布政使；[4]康熙三十九年（1700）三月，因事降职；[5]

七月改任云南布政使司布政使，署巡抚；[6]十二月，以贩私盐等罪名遭人弹劾落职回乡；[7]康熙四十四年（1705）六月，再遭弹劾审查，羁押入狱；[8]同年十月，家产被籍没，监候秋后处决；[9]康熙五十二年（1713）卒于狱中。明清之布政使均称"方伯"，故张霖又被称作方伯遂闲公。张霖好学不倦，喜诗文、工书法，诗、文、词皆"卓然成一家言"，著有《遂闲堂稿》，既遭籍没，稿帙散失。

据资料所述，张霖父辈在顺治年间以行盐长芦开创了天津张氏家业，至康熙初期，张霖一代已是北方赫赫有名的大盐商。为猎取政治地位，致富后的张霖通过援例纳银捐官跻身仕途。张霖在京任兵部车驾司郎中时以侍奉年老母亲辞官，回津后兴建了遂闲堂，风景秀丽，优雅静谧，且收藏有丰富的各类书籍、金石鼎彝、名人字画等，吸引了南来北往流寓津门的名流学者，诗酒唱和，品书论画，遂闲堂成了文人荟萃的佳所。鼎盛时期，"供张丰备，馆舍精妍，文酒之宴无虚日，时人拟之月泉吟社、玉山草堂"。[10]其时出入张氏园林的南北学者士人有：姜宸英、朱彝尊、王士禛、梅文鼎、石涛、王翚、徐兰、汪沆、禹之鼎、洪升、赵执信、博尔都、吴雯、王煐、沈一揆、邵长蘅、汪士鋐、张石松、方苞、陆石麟、马长海、查慎行等，也有天津本地文人骚客：李友太、梁洪、龙震、黄谦等，可谓高朋满座，承先贤酬唱之雅趣，倡读书怡情养浩之雅风。

张霖由商入仕，为官时勤于公务，官声甚佳。"寻升陕西驿传道。时陕饥，民多流亡，捐赀赈活之。三十四年，迁安徽按察使，治狱多平反。会皖江议裁兵，士卒皆哗噪，霖推诚谕慰，军遂辑。三十七年，迁福建布政使。旧例钱粮解藩库有羡耗诸陋规，悉除之"。[11]此外，张霖乐善好施，家饶于赀，推解不倦。"一生尊贤重士，济人之急"，"每逢乡、会两闱，四方之士出都者赠以资斧，留都者多延至津门"。[12]在园林中为落拓文人、贫寒学子或及试不第者提供食宿和修习场所。石涛《雪中赋赠张汝作先生》诗中有对张霖笃友谊，饶于财的性情大加好评："君视富贵如浮云，游戏翰墨空典坟。爱客肯辞千日酒，风流气压五侯门。四海鱼樵齐拍唱，归来长铗叹王孙……"[13]同时，张霖也非常重视后代的教育，督促子弟读书进取，并延请饱学之士教习。在交往的文人学者中有不少成为其子弟的良师益友，文人雅集的诗书氛围更对其后人产生了深远的影响。其子张坦、张埙同为康熙癸酉（1693）科举人，时称"一门双凤"。其孙（张坦子）张琚、张鲤继其家学，皆善诗词。其曾孙张映斗（张琚子），岁贡生；张映辰（张琚子），有才能谋略、善诗；张映暐（张埙之孙），道光三年（1823）进士。其玄孙张虎拜（张映斗子），乾隆戊子（1768）、己丑（1769）联捷进士。张氏家族才人辈出，科第不绝，可以说是得益于早期遂闲堂雅集的文化薰染。且人人善诗，代代有集。先有张霖的《遂闲堂稿》；张霔的《帆斋逸稿》《欸乃书屋集》《绿艳亭集》《弋虫轩集》《星阁集》《秦游集》《读晋书绝句》；后有张坦的《履阁诗集》和《唤鱼亭诗文集》；张埙的《秦游诗草》；张坦与张埙合著的《二张子合稿》；其后再有张映斗之子

图三

张虎拜的《妙香阁诗集》；张映辰之子张虎士汇集先人诗作的《遂闲堂诗草》等等。"一门之内，悉解吟咏，遂闲遗风，于时未坠。"[14]

正如梅成栋所言："鲁庵先生轻财好士，是其所长，而任侠豪奢，终以致祸。"[15]张霖家中宾客多有朝臣贵胄，难免授人话柄，加上张霖仕途顺利，引起朝廷猜忌和同僚倾轧。康熙三十九年（1700）七月，张霖迁云南布政使，署巡抚。因云南食盐极其缺乏，赴任前，张霖在盐运使司承接盐引数万运往云南售卖，本乃善事。然而，张霖因手中盐引不足，擅自超额贩买私盐。十二月，张霖被工科给事中慕琛以"出身盐商，官方有玷，舆论不孚"为由参劾而遭革职。[16]四十四年（1705）六月，罢官赋闲的张霖再遭直隶巡抚李光地参劾"张霖出身商贩，居家不检，网利殃民，纵子为非"，引起康熙的重视，"著该抚严审具奏"，[17]张霖入狱。同年十月，刑部等衙门论议并答覆：吏部尚书管理直隶巡抚事，李光地疏参革职原任云南布政使张霖假称奉上旨贩卖私盐，得银一百六十一万七千八百两有奇；又纵子张埙、张坦骄淫不法、肆行无忌。应将张霖拟斩立决，家产入官，张埙、张坦杖责折赎。[18]后经人脉关系疏通，张霖得已保住性命关押大牢，遂闲堂从此败落凋零。

馆藏"遂闲堂写经砚"是否为张霖专属已无从考究，但估计应是遂闲堂兴盛时期的产物，不知如何躲过了家产籍没之灾得以幸存，被张映辰视作家族的象征和信物，珍而重之，随身收藏。

二

遂闲堂写经砚的铭文、题识中出现有不少人名：石涛（清湘）、笨山（张霆）、张虎拜（啸崖）、桐城望溪侍郎（方苞）、方伯遂闲公（张霖），在解读铭文、题识前，有必要先对他们作一个初步的了解。

石涛（1642—1708），原姓朱，名若极，小字阿长，祖籍安徽凤阳，明宗室第九世靖江王朱亨嘉长子。在广西全州（旧称湘源、清湘）的湘山寺出家为僧，法号原济（后亦作元济），字石涛，与弘仁、髡残、朱耷合称"清初四僧"。石涛别号很多，随各时期景遇的变迁而不断变换。先后用过小乘客、济山僧、苦瓜和尚、钝根、湘源谷口人、清湘老人、清湘遗人、清湘陈人、石道人、大涤子、瞎尊者、零丁老人等。所画山水、人物、花果、兰竹、梅花，无不精妙，且能熔铸古今，独出手眼。他反对泥古不化，是当时画坛革新派的代表人物。在康熙二十八年（1689）至三十一年（1692），曾六过津门，与张霖、张霔等结为好友。张霔曾作《听苦瓜上人说黄山歌即送南还兼怀南村宗长》《观石涛上人画山水歌》《送慧林上人南还，兼寄石涛、轮庵》《怀扬州苦瓜上人》，[19]可见两人之交往。

张霔（1659—1704），张霖的从弟（堂弟）。字念艺，号帆史，一号笨仙，又号笨山，别号秋水道人。贡生，官中书舍人。因屡试不第，乃绝意仕进，筑帆斋怡情养性，广交佛道、画家、名士，过着闲云野鹤般的生活。张霔工书善诗，书法取法钟繇、王羲之，草书得张旭神骨。著有《帆斋逸稿》《欸乃书屋集》《绿艳亭集》《弋虫轩集》《星阁集》《秦游集》《读晋书绝句》等，被后人誉"笨山草书全得张颠神骨，诗似青莲，天马行空，不可羁络。"[20]其诗歌创作主张抒写性情，蕴涵清爽的气质，"如风鹍摩天，春鸿戏海"。[21]曾西游秦中，南逾大江，东揽田盘，作诗达万余首，可惜多已散佚。当时名士朱彝尊、吴雯、李友太、姜宸英、查曦、梅文鼎、徐兰、王聪、石涛、虎卧老人、梁洪、龙震、黄谦皆为座上客，还曾与梁洪、龙震、黄谦以及大悲院主持世高等成立"草堂诗社"。张霔天性豪迈，是康熙中期天津诗坛的核心人物。石涛《雪中怀张笨山》诗中有对其才情的评价："眼中才子谁为是，燕山北道张天津……赠我双筸称二妙，秋毫小楷堪绝伦……"[22]

方苞（1668—1749），安徽桐城人，字凤九，号灵皋，晚号望溪，亦号南山牧叟。康熙四十五年（1706）进士，康熙五十年（1711）因戴名世《南山集》案被牵连入狱。获释后，得大学士李光地举荐，召直南书房，编校御制乐律、算法诸书。雍正时迁内阁学士，乾隆初再直南书房，擢礼部侍郎。他在文学方面提出古文"义法"，坚持"文""道"统一。主张散文应宣扬儒家伦理纲常，对清代文学颇有影响，被称为桐城派的鼻祖，著有《方望溪先生全集》。方苞早期曾寓居津门张霖遂闲堂，专心文章学问，与南北文人学士的频繁接触交流对其后来的文学创作起着极其重要的作用。"张氏中衰时，苞犹在，霖曾孙映辰徒步走桐城，苞为作书使赍淮，上书唯一言，曰：'方伯遂闲公之孙也。'遍访吴楚故旧，得其佽助以归。盖犹食霖交友之报焉"。[23]

张虎拜（1741—1794），字召臣，一字锡山，号啸崖，张霖玄孙。乾隆三十三年（1768）举人，逾年联捷进士，授内阁中书；三十八年（1773）召试二等；四十四年（1779）江西乡试副考官；翌年（1780）加翰林院编修，衔督学河南；五十三年（1788）、五十七年（1792）两充顺天乡试同考官，迁宗人府主事。张虎拜为官清廉，善鉴别人才。堂号妙香阁，著有《妙香阁诗集》。

由上所知，铭文、题识所涉人物都与张霖关系甚密，或至亲，或挚友，均为活跃于清康、雍、乾三代的知名文化人士。除后辈张虎拜外，其他几位都曾是遂闲堂的座上客。

三

现在回头解读遂闲堂写经研的铭文和配盒内的题识。

首先是砚背铭文：

眼中才子谁为是？燕山北道张天津。此时破雪拥万卷，手中笑谢酒半巡。一觞一韵字字真，的真草稿惠何人？羡君颠死张颠手，羡君摧折李白神。赠我双箑称二妙，秋毫小楷堪绝伦。至今停笔不敢和，至今缩手时为亲。知我潦倒病，念我无发贫，授我以心法，忆我相思陈。入城出郭两苦辛，倾心吐语皆前因。落落无知己，满面生埃尘。奇哉奇不已，长啸谢西秦。

这是石涛写的《雪中怀张笨山》，为《清湘书画稿》长卷（该卷现藏北京故宫博物院）中的自题诗。[24]诗中石涛谓张霔为一大才子，书法不输张旭，诗词盖过李白。对张霔曾相赠的用小楷写诗词的对扇多有赏识，称赞张霔诗书画皆绝，感叹自愧弗如。诗后半部写了石涛贫困潦倒时张霔给予的帮助，对张霔正直善良、待人真诚的人品赞誉有加。此诗表达了石涛与张霔的知己之谊，足见二人友情深厚。下署的"石涛上人雪中怀我高祖笨山公长古一首元孙虎拜敬铭"说明砚铭为玄孙张虎拜所镌刻，并点明了铭文的出处。

其次是配盒底题识：

吾家中衰，先伯父曾徒步走桐城□□（望溪）侍郎。侍郎为作书使赍淮，上书惟一言，曰：方伯，遂闲公孙也。遍访吴梦故旧，得其佽助以归。随身之物仅此一砚，弃养前夕郑重畀余，并述风雪跋涉之苦。弥留时曾梦清湘来招，并诵其赠先人之句不置。此恍如昨日事，□之泪下。因即以石师付铭于砚背，以昭示我子孙□□。

根据上面的有关介绍，联系上下文，题识的大概意思是：张霖一族衰落后，张虎拜的伯父（张映辰）前往桐城投靠方苞，方苞追念旧日情谊，为其修书一封，上面只有一言："方伯遂闲公孙也"，以推荐张映辰遍访张霖昔日旧友，得到多方帮助以回津复兴家业。当时随身之物只有这方砚，在去世前郑重交给了张虎拜，并讲述了当日寻访祖上旧友时风雪跋涉的苦况；弥留时曾梦见石涛到来，并朗诵着《雪中怀张笨山》诗句，回首前尘往事恍如昨日，催人泪下。因此张虎拜请石匠将诗镌于砚背，以昭示后世子孙铭记。此文解释了遂闲堂写经砚上镌铭的由来。下署"乾隆戊申（1788）啸崖氏识于妙香阁。"钤印二"张虎拜印""啸崖"。说明此题识是乾隆戊申（1788）张虎拜在书斋妙香阁所写。

四

对于张映辰的生平，有记载："映辰，号拱之，慷慨有干略，亦能诗，历游吴楚间，为方苞所重。归津家业复兴，立宗祠，修书院，赡族党，人称其孝。"[25]

根据史料记载，雍正十三年（1735）十二月十二日，长芦巡盐御史三保向新登基的乾隆帝上奏折，为张霖旧案欠项应否豁免请旨。[26]折中陈述了遵照九月初三日"丕布新恩"中的"凡各省侵贪挪移应追之项，查果家产尽绝、力不能完者，概与豁免，毋得株连亲族。"[27]条例，及十一月十四日增加的"各省侵贪挪移应追之项，家产尽绝，力不能完者，已概予豁免。其分赔代赔，指欠开欠之项，著查明一并豁免。"[28]的事项，随检查旧案一件，是"康熙四十三年间前任抚臣李光地题参张霖出身盐商授例入仕，不思报效，在于蓟遵等八处行盐，就场筑包，肆意行私"一案。在追赔赃银及欠帑银之项，"张霖监毙"，著追子张坦、孙张瑄，"祖孙父子相仍三十余年，身无立锥，形同乞丐。甚至男不能婚，女不能嫁，实系家产尽绝，无可著追"。而欠张霖抵补赃银及欠张霖盐滩、盐价、房屋等银诸人，或人亡产绝，或家产尽绝、盐滩荒废、房屋倒塌，无可追抵。"据署运司天津道张坦熊查明与恩诏赦免之例相符"，"事关帑项应否宽免"。乾隆帝阅后御批："张霖欠项既与恩诏赦免之例相符，应听部议。"

正是乾隆登基恩诏天下，张家欠项得以赦免，才有张霖曾孙张映辰只身前往吴越投靠方苞，得方苞帮助重回天津，与兄从理旧业，设立宗祠，修建书院，赡养族人，使张氏门祚复兴。张映斗更赤足扶祖母灵柩返回天津安葬，被人称孝义萃于一家。张氏家族再度中兴，除得益于乾隆即位后的降恩新政和昔日张霖遂闲堂结下的翰墨之缘、利济善缘的果报，更有赖于张氏后人的努力。随张映辰官候选通判及张映斗之子张虎拜中举并联捷进士，族人再度入朝为官，乾隆三十三年（1768）张映辰与兄映斗在原问津园旧址上沿袭先业旧名建起思源庄，并在此成立诗社，再次成为天津文人的雅集之地，风雅不减。虽然其规模和影响与当年的遂闲堂不可同日而论，但却是遂闲堂余韵的延续。

一方砚台，不仅引出一段清初津门文人雅集的旧事，也隐含了张氏家族的兴衰始末，令人唏嘘。

雅俗之间

注 释

1　高凌雯纂《天津县新志》卷二十一之一，三十二页。

2　高凌雯纂《天津县新志》卷二十一之一，三十二页。

3　参见《清实录》第五册，《圣祖实录》卷一六七，中华书局，1985年，八一四页。

4　参见《清实录》第五册，《圣祖实录》卷一九〇，中华书局，1985年，一〇一四页。

5　参见《清实录》第六册，《圣祖实录》卷二〇二，中华书局出版，1985年，九页。

6　参见《清实录》第六册，《圣祖实录》卷二〇二，中华书局，1985年，三七至三八页。

7　参见《清实录》第六册，《圣祖实录》卷二〇二，中华书局出版，1985年，六三页。

8　参见《清实录》第六册，《圣祖实录》卷二二一，中华书局，1985年，二二八页。

9　参见《清实录》第六册，《圣祖实录》卷二二二，中华书局出版，1985年，二三九页。

10　徐世昌纂修《大清畿辅先哲传》卷27，《高士传·龙震张霅》。北京古籍出版社，1993年，921—924页。

11　徐世昌纂修，《大清畿辅先哲传》卷20，《文学传二·张霖》。北京古籍出版社1993年，633页。

12　华鼎元纂《津门征献诗》卷六，《张主政虎拜》之《张虎士啸崖兄传略》，载《清代诗文集汇编》编纂委员会编《清代诗文集汇编》第717册，上海古籍出版社，2010年，766页。

13　汪世清编著：《石涛诗录》，河北教育出版社，2006年，22页。原为《清湘书画稿》长卷（该卷现藏北京故宫博物院）中的自题诗。见《中国绘画全集》第26卷，文物出版社、浙江美术出版社，2001年，32—33页。

14　高凌雯：《志余随笔》卷四，天津市地方志编修委员会编著《天津通志·旧志点校卷》下，天津社会科学院出版社，2001年，720页。

15　梅成栋纂：《津门诗钞》卷二十六，《天津风土丛书·津门诗钞》下，天津古籍出版社，1987年，854页。

16　参见《清实录》第六册，《圣祖实录》卷二〇二，中华书局，1985年，六三页。

17　参见《清实录》第六册，《圣祖实录》卷二二一，中华书局，1985年，二二八页。

18　参见《清实录》第六册，《圣祖实录》卷二二二，中华书局，1985年，二三九页。

19　梅成栋纂：《津门诗钞》卷五，《天津风土丛书·津门诗钞》下，天津古籍出版社，1987年，146、150、155、159页。

20　陈仪：《玉虹草堂龙东溟传》，引自清·梅成栋纂《津门诗钞》卷六，《天津风土丛书·津门诗钞》上，天津古籍出版社，1987年，184页。

21　梅成栋纂：《津门诗钞》卷六，《天津风土丛书·津门诗钞》上，天津古籍出版社，1987年，186页。

22　汪世清编著：《石涛诗录》，河北教育出版社，2006年，22页。

23　高凌雯纂：《天津县新志》卷二十一之一，三十三页。

24　见《中国绘画全集》第26卷，文物出版社、浙江美术出版社，2001年，32—33页。

25　徐世昌纂修：《大清畿辅先哲传》卷20，北京古籍出版社，1993年，633页。

26　参见《三保奏为张霖旧案欠项应否豁免请旨折》，陈锵仪主编，中国第一历史档案馆编《清代皇帝御批真迹选》（三），《乾隆皇帝御批真迹》，西苑出版社，1995年，三三至三八页。

27　参见《清实录》第九册，《高宗实录》卷二，中华书局，1985年，一六〇页。

28　参见《清实录》第九册，《高宗实录》卷六，中华书局，1985年，二七一页。

图版

Illustrations

蝉形砚

宋元之间（1206-1279）
长21.8厘米，宽13.9厘米，厚3.1厘米

    端州砚石，砚体仿蝉造形。砚额正中有一石眼，绕石眼深雕出蝉的大眼作砚池，下端修长蝉身为砚堂。头部往下边线曲折有致，是为蝉翼。砚背弧形，首部枕式落地，下方对称出乳足，利于稳立。砚式文雅从容，线条浑圆饱满。古人认为蝉居枝头，只吸干净露水，不食人间烟火，其所喻之人品，自属于高洁之象征，因而传统文人常常借蝉自喻。

    《史记·屈原贾生列传》中载："蝉蜕于浊秽，以浮游尘埃之外。"蝉，从幼蛹蜕变成展翅高飞的成虫，从地下升到高空，在短暂的时间里完成了一个生命的变化，其整个生命历程象征着一种神奇的变化和再生，可谓是出污泥而不染。这种蜕变与古人期待通过科举金榜题名改变命运的期望暗合，因此，古人十分推崇以蝉形制砚。

风字砚

元（1271—1368）

长25.8厘米，宽20.5厘米，厚3.6厘米

　　宋坑端石，有马尾火捺。风字
砚式，前窄深凿砚池，后宽平坦为
砚堂，双翼外撇而跷尾，翼下琢对
足，使其稳立。因形如风字又似簸
箕，故这类砚也称箕形砚。

幼章铭圭池砚

明晚期（1522-1644）

长16.4厘米，宽10厘米，厚2.8厘米

　　端州砚石。砚堂、砚池一体呈圭形，砚边缺一口。砚背沉雕剑头圭，上端镌刻："质坚以刚，色黝而苍。法地而形方，韫山而道光。如彼圭璋，宜特达于帝之旁。"下署"幼章铭"。两侧边足均缺损，可辨有文："是砚余得于巢湖，间□□□□藏之三年，始命蒋□□□□"，落款"天启乙丑年幼章铭"，印一"王氏"。包浆润泽，形制古朴素雅。

　　"幼章"为王浸大的字。王浸大（1598-1669）：字幼章，丰乐镇（今合肥市）人，明崇祯十年（1637）进士，曾任广东顺德、新会、山东即墨等知县，升河南道御史，后由安徽巡抚史可法荐为南京吏部侍郎。清初隐居在家，著有《春秋说史钞钉纲目全书》《掷杯阁文全集》等。

甘
泉
以
文
期

則
蒼
色
以

地
而
溫
潤
而
方
而

被
道

安
如

兵
牟

先
正

洋
洋
芳
次

是
硯
久
得
有
隨
湖
間
之
藏
之
非
一
生
始
今

天
啟
乙
丑
幼
章
銘

4

兰亭砚

明（1368-1644）

长23.7厘米，宽14.8厘米，厚8.3厘米

　　宋坑端石，呈紫褐色，长方形，砚体厚实，底部挖空，墙足，边有剥蚀。砚面上水榭楼台中王羲之挥毫书兰亭序，中巧雕蜿蜒小溪作砚池，下光滑微凹处为砚堂。砚四侧满工，通景雕曲水流觞图。覆手内则刻王羲之的《兰亭集序》全文。

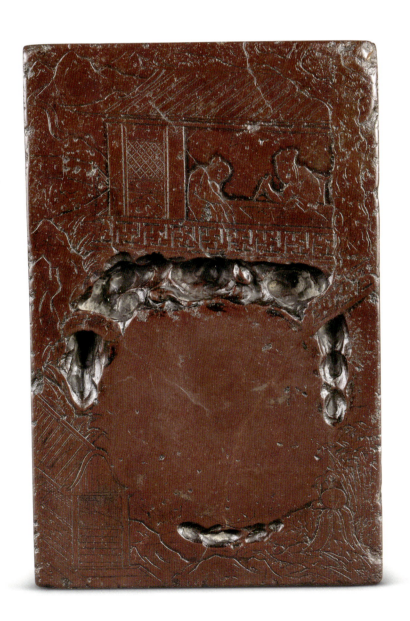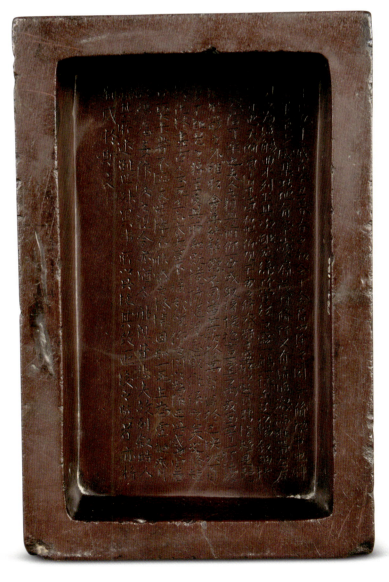

兰亭砚

明（1368-1644）
长23.5厘米，宽14.5厘米，高6.5厘米
商承祚捐赠

　　宋坑端石，砚为厚实长方形，石色呈玫瑰紫，侧墙留有大片胭脂晕，遇水则艳，古雅美观。砚面上刻"兰亭修禊图"，光滑微洼处为砚堂，亭、桥之下深凿出砚池。右上角和左下角刻有王羲之四言和五言《兰亭诗》："代谢鳞次，忽焉以周，欣此暮春，和气载柔。咏彼舞雩，异世同流。乃携齐契，散怀一丘。"；"仰视碧天际，俯瞰渌水滨。寥朗无涯观，寓目理自陈。大矣造化工，万殊莫不均。群籁虽参差，适我无非亲。"砚背墙足，内凹处刻王羲之《兰亭集序》全文。砚四侧浅雕通景"曲水流觞图"，人物众多，行止坐卧，神态各异，生动有致。每侧右上角均刻《兰亭诗》，分别为王彬之："丹崖竦立，葩藻映林。渌水扬波，载浮载沉。"王凝之："庄浪濠津，巢步颍湄。冥心真寄，千载同归。"王涣之："去来悠悠子，披褐良足钦。超迹修独往，真契齐古今。"王肃之："在昔暇日，味存林岭。今我斯游，神怡心静。"

　　"兰亭修禊图"的题材在端砚出现始见于北宋，雕刻了东晋永和年间王羲之与当时名士孙统、孙绰、谢安、支遁等41人在会稽（今浙江绍兴）雅聚修禊的场景，其中流觞曲水、茂林修竹、天朗气清、惠风和畅的情景，颇得王羲之《兰亭序》抒怀述志本意。这种以兰亭雅集为固定雕饰题材、以长方厚重为一定形制模式的砚，后世称之为兰亭砚。

二甲传胪砚

明（1368-1644）

长23.4厘米，宽15.2厘米，厚6厘米

　　宋坑端石。长方形，砚体厚重，砚面下开砚堂近圆，有数石眼；上端深凿一洼为砚池，墨锈深厚，池中栖息两蟹，边饰芦荻，寓"二甲传胪"之意。砚背挖空，四隅有足；一边浅雕一斜伸如意状灵芝；中间篆文印章："发解传庐"。两侧镌刻题识，一侧："降胎匪蚌，入角匪犀，呈马肝之绛彩，来玉女之睥睨，际神光于天地，会见三千礼乐，任君纵横于彤陛之墀。"署款："鲁氏青父题"；另一侧："彤霞烁石，紫雾涵星，耀玄之之甲胄，虚纯父之箕精，惟尔空阙里之旧名，特晋尔于黄堂，用建皇极之清声。"署款："鲁氏青父题"。

双龙戏珠砚

明（1368–1644）
长19厘米，宽14.5厘米，厚2.8厘米

  坑仔岩端石，有石眼或活眼、
鹅绒青花朱砂斑、微尘青花等石品，
砚随形巧作，包浆莹润。砚面平滑，
上有多眼，无堂、无池；砚边略加砻
治，薄意雕云间隐现的双龙逐珠；砚
背利用石天然皴理以流畅线条雕就翻
滚密云，卷舒变幻。

8

龙吐珠砚

明（1368-1644）
长19厘米，宽7.5厘米，厚2.7厘米

　　坑仔岩端石。砚面上部随石形
利用石眼雕出龙吐珠图案，做工
自然，造型奇特；下部方正微凹为
墨堂，砚背修成长方形状。遍裹墨
锈，光可以鉴。

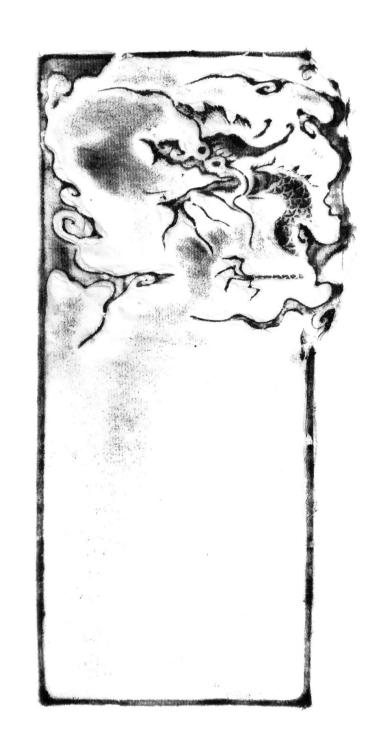

9

云龙天然砚

明（1368-1644）
长24厘米，宽21厘米，厚6厘米

　　坑仔岩子石，随天然石形雕琢，形近椭圆，圆浑饱满，有石眼、火捺等石品。砚首利用石眼琢龙腾祥云，云下微凹之处为砚堂；砚背只琢以祥云数朵，下方黄礵、虫蛀等石疵不加掩饰，顺其自然。

雪渔铭平板砚

明晚期（1522-1644）
长12.4厘米，宽8厘米，厚1厘米

　　端州砚石。平板近长方形，素
身无纹，唯一面镌刻"绿豆起青花，
原是天下甲，名在雨淋斗，产自溪中
侠"。后署"万历二年（1574）八月
二日""雪渔"。

　　"雪渔"是何震的号。何震
（1530-1604），字主臣、长卿，
号雪渔，江西婺源人，久居金陵。
深究古籀，精研六书，孜孜于书篆
治印。印款首创单刀法，峻健挺
拔，别开生面，皖派篆刻创始人。
著有《雪渔印谱》。

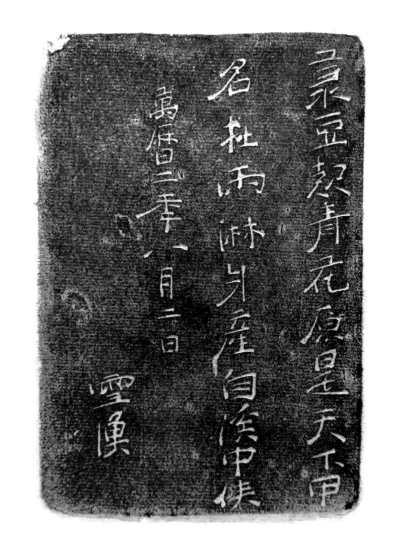

琴囊砚

明晚期至清早期（1573-1735）
长36.6厘米，宽17厘米，厚4厘米

坑仔岩端石，形呈古琴于琴囊之
中。受墨处以琴囊为之，微凹，往上
囊口反折现小皱，边琢以索绳；外露
琴腰雕一如意状砚池，琴尾龙龈引出
七根琴弦，冠角琢两相向夔龙装饰。
砚背的琴囊反折束口处雕有皱摺，外
露的琴腹龙龈、冠角不缺，颇有趣
味。整体雕工精细秀丽，古朴自然。
墨锈融渍，古意盎然。

孟端铭星辰砚

制作年代存疑
长16.2厘米，宽12.7厘米，厚3厘米

　　黄蚓矢端石，砚椭圆，遍裹墨锈。额有一高眼，素身不加雕琢。砚背起边，内有五活眼，刻祥云绕缭，呈五星聚奎之象；旁镌草书铭："虚其心，实其腹，礼星辰，眼鸲鹆，神宝冥冥，千春朗烛。"署款"友石生"，篆印"孟端"。侧刻"赵宧光藏"。

　　"孟端"是王绂的字。王绂（1362—1416），明初画家，一作芾，又作黻。字孟端，后以字行。号友石生，别号鳌里，又号九龙山人、青城山人，无锡（今江苏无锡）人。著有《王舍人诗集》（又名《友石山房稿》）。

　　赵宧光（1559—1625），明藏书家、刻书家、书画家。字凡夫，一字水臣，号广平，又号寒山子。宋太宗赵炅第八子元俨之后，一生不仕，著书数十种，因此有"高士"之称。精于篆学，在篆书中掺入草书笔意，篆书堪称一绝，开"草篆"先河。

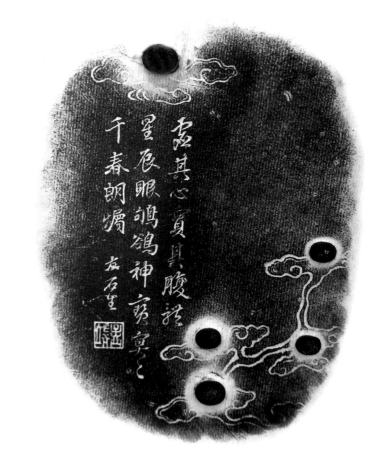

石田铭蟠螭砚

制作年代存疑

长21.6厘米，宽14.8厘米，厚1.9厘米

麻子坑端石，有蝇头青花、胭脂火捺、翡翠斑、鱼脑冻等石品。砚为长方覆竹形，一字砚池，砚额浅刻蟠螭寿字纹，受墨处微凹，砚池深陷，雕工严谨细致。背隶书刻陆游句："古砚微凹聚墨多"，下署"石田"。墨锈深透，古意苍然。

"石田"为沈周的号。沈周（1427-1509），字启南，号石田、白石翁、玉田生、有竹居主人，长洲（今江苏苏州）人。吴门画派的创始人，与文徵明、唐寅、仇英并称"明四家"。

"文天祥四水归原"铭石渠砚

制作年代不详

长19厘米，宽18.6厘米，厚3.7厘米

　　端州砚石，紫色黯然，包浆沉实。砚作方形石渠式，形制方整，素身无纹。砚堂四周环以水渠，与砚池相通；四侧平直微内敛。砚背凹下为两层与砚面式相应，上刻有四字七行篆书铭文："原其原兮四水回旋，研复研兮至道得焉。得之前贤兮传之后贤。文天祥"。一侧刻有："文山子四水归原砚铭，有深警学者，去本就末，舍原从流之戒。夫所谓原其原者，欲人求其本也，得其本则若水之荣回，通贯至道生焉。加以研究之功，宣前贤之微妙，以教后贤传之万世云。"落款："庚申（1680年，清康熙十九年）中秋嘉禾陆龙其识"。另一侧刻有"题襟馆藏"及"汉阳怀清斋主张仁芬宝藏"印。

　　文天祥（1236-1283），原名云孙，字天祥，江西吉州庐陵县（今江西吉安）人。中贡士后，以天祥为名，改字履善；中状元后，改字宋瑞；因住过文山，又号文山、浮休道人。曾任宁海（今浙江宁海）军节度判官、瑞州（今高安）知州、礼部郎官、江西提刑、宁国府（今安徽宣城）知府、湖南提刑、赣州知州等官职，后官至右丞相兼枢密使，加授少保，封信国公。至元十五年（1278）十二月于广东海丰战败被俘，拒不降元。押至元大都（今北京），遭幽禁三年，誓不就降。至元十九年十二月初九（1283年1月9日），在柴市慷慨赴义，时年四十七。

　　陆龙其（1630-1692），因避讳改名陇其，字稼书，浙江平湖人。清康熙九年（1670）进士，历官江南嘉定、直隶灵寿知县、四川道监察御史等。著有《困勉录》《读书志疑》《三鱼堂文集》等。

　　扬州题襟馆是古代文人宴集吟咏之所，原馆始建于宋，后荒废，清两淮盐运使曾燠重建。曾燠（1760-1831），号宾谷，江西南城人，清代中叶著名诗人、骈文名家、书画家和典籍选刻家，被誉为清代八大家之一。乾隆四十五年（1780）中举，次年中进士，两任扬州盐官。

　　怀清斋主人张仁芬（1868-1936），字季郁，号桂荪，晚年号簠庐退叟，汉阳柏泉人。清光绪丁酉年（光绪二十三年，1897）"援例入官"，在胊浦（今连云港板浦镇）附近任盐务官员。光绪戊申年（光绪三十四年，1908）七月，张仁芬迁居淞沪，自起斋名曰怀清斋，取"传家敦孝友，望古怀清芬"之意。辛亥革命后开始潜心收藏，是近代著名收藏家。有诗文集《怀清斋主未是草》。

张照铭山海明月砚

清康熙至乾隆（1662-1795）
长19.2厘米，宽14厘米，厚4厘米

　　白线岩端石，随形雕成。砚面上端万壑千岩凌空，下端一轮明月倒影波涛。砚背天然稍加砻治，中立两石壁，均镌有铭。其一："温温紫石，细腻如脂，叩之无声，入化更奇。"下署"张照"，印一"得天"。其二："造物钟其秀，匠心呈其奇，赖此案头石，或者补天余。"

　　张照（1691-1745），清藏书家、书法家、戏曲家、书画目录整理者。初名默，字得天，一字长卿，号泾南，亦号天瓶居士，江苏华亭（今上海松江）人。康熙四十八年（1709）进士，官至刑部尚书。乾隆年间先后编修《石渠宝笈目录》《石渠宝笈重编》《石渠宝笈三编》，专录乾隆内府所藏书画作品。博学多识，能诗、善画，熟谙音律和戏曲，精鉴赏，尤工书法。家富藏书，有藏书楼"天瓶斋"。

遂闲堂写经砚

清康熙至乾隆（1662–1795）

长14.1厘米，宽9.7厘米，厚1.5厘米

　　朝天岩端石。砚面门字式，砚堂开阔，深凹月形池；砚额刻卷草纹；侧铭"遂闲堂写经研"；砚背平，居右下刻石涛《雪中怀张笨山》，落款"石涛上人雪中怀我高祖笨山公长古一首元孙虎拜敬铭。"有盒，盒底内贴有一文，虽残仍可辨，下署"乾隆戊申（乾隆五十三年，1788）啸崖氏识于妙香阁。"钤印二"张虎拜印""啸崖"。

　　遂闲堂，是康熙年间天津张霖所建园林中的一处馆舍。张霖（1658–1713），字汝作，号鲁庵，又号卧松老衲，原抚宁（今秦皇岛市）人，后移居天津。康熙二十年（1681）张霖由例贡任官工部主事，后升兵部郎中、陕西驿传道、安徽按察使、福建布政使、云南布政使等职。著有《遂闲堂稿》。

　　"笨山"是张霔号。张霔（1659–1704），张霖的从弟。字念艺，号帆史，一号笨仙，又号笨山，别号秋水道人。因屡试不第，乃绝意仕进，筑帆斋怡情养性，诗书俱佳，著有《帆斋逸稿》等。

　　张虎拜（1741–1794），字召臣，一字锡山，号啸崖，张霖玄孙，室名妙香阁。乾隆三十三年（1768）举人，逾年，成进士，历官内阁中书、宗人府主事，加衔翰林院编修、河南学政、江西乡试副考官，著有《妙香阁诗集》。

　　石涛（1642–1708），清初画家，原姓朱，名若极，小字阿长，别号很多，如大涤子、清湘老人、苦瓜和尚、瞎尊者，法号有元济、原济等。明靖江王、南明元宗皇帝朱亨嘉之子，与弘仁、髡残、朱耷合称"清初四僧"。曾六过津门，与张霖、张霔等结为好友。

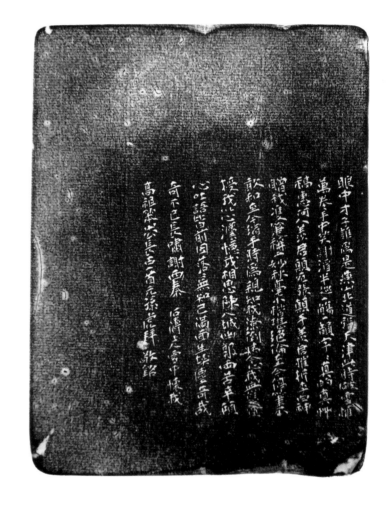

高兆铭天然砚

清康熙（1662-1722）

长20.8厘米，宽18.8厘米，厚3厘米

端州北岭石，随天然石形略加斧凿。面背着意留下黄磲，保存石质天然之趣。面开砚堂、砚池；背中铲地内镌刻高兆得砚小记："大中丞伯成吴公，由闽抚粤。兆充揖客，适莅端州开元，因得寓目三洞，亲核石品，撰记一篇。嗣以六经图巨制，以兆楷录。公子琰青出兹砚以供事，温润续密，秀采缤纷；其受墨也，沛然油然，醰醇其宜笔也。沾濡不留，转运不滞，盖古塔坑异产也。羚峡十二岩，诸石皆带火捺，惟此岩石色独白，询希世之珍也。摩挲日久，心赏神怡，公子窥予有欲剑之心，慨举以赠，爰记胜缘，永矢弗谖，且以借证前记之匪谬云。固斋高兆并书。"

高兆，明末清初福州鼓山镇人，字云客，号固斋居士、栖贤学人等，明崇祯年间（1628-1644）为邑庠生。工文翰，尤工小楷，亦善行书。著有《端溪砚石考》《怪石考》《砚石录》《启祯宫词》《荔社纪事》《揽胜图谱》等。

荷雁砚

清康熙（1662－1722）
长14.5厘米，宽11厘米，厚2厘米

　　黎木根端石，有胭脂晕、火捺。
随石形雕成荷雁图，雁侧身蜷伏，回
首理啄羽毛，自然、生动。雁身作砚
堂，雁身后荷叶卷边成砚池，构图简
约，匠心独具。底平滑无饰。

琴形砚

清雍正（1723-1735）
长21.6厘米，宽8.4厘米，厚2.5厘米

　　宣德岩端石。砚以古琴为形而
制，琴面上冠角、龙龈、琴弦、岳
山、琴轸皆齐，项、腰间为受墨处和
砚池；覆手制如琴腹，上琢凤沼，中
龙池，龈托、尾托、雁足、琴轸、护
轸俱全。龙池中镌"石渠珍玩"，左
镌"雍正壬子（雍正十年，1732）年
李予先识"，均为楷书。墨锈光莹，
古意可掬。

刘度铭荷叶池砚

清早期（1644—1735）
长17.8厘米，宽10.5厘米，厚3厘米

　　砚面四周起弦，受墨处微凹，砚池琢成荷叶形，覆手雕成荷花瓣状。左侧镌刻"西湖十二楼之二"，下署"刘度"，"叔宪"印一。包浆沉着，造形简约，雕琢线条流畅。

　　刘度，明末清初画家，字叔宪，一作叔献，钱塘（今浙江杭州）人，生卒年不详。善山水，为蓝田叔（瑛）入室弟子，深得画理。后师大、小李将军（思训、昭道），多作青绿山水，亦仿张僧繇没骨山水。工界画楼台，所画人物细入毛发。

21

五岳真形图砚

清早期（1644–1735）
长21.8厘米，宽12.8厘米，厚3.4厘米

　　端州砚石，随石形雕作。砚面
五岳分踞崇立，砚首山峰间深凿作砚
池，下平滑微洼为砚堂。砚背雕五岳
真形图，左下角署楷书款："武平林
模书"。五岳真形图是道教中最重要
的符箓，据称为太上道君所传，有免
灾致福之效。

　　林模（1646–1691），字靖若，
号周木，德化桂阳人。清康熙十二
年（1673）进士，历任湖广兴宁（今
湖南资兴）、广东普宁知县，敕封文
林郎。著有《四书讲章》《诗书易解
义》等。

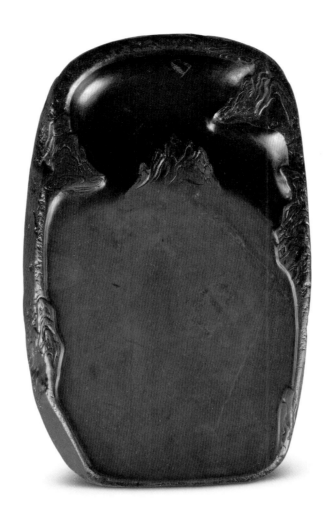

22

静娱室藏砚

清早期（1644-1735）
长15厘米，宽10厘米，厚2厘米

坑仔岩端石。长方平板式，一面铭刻："密不为玉所以为受墨，疏不为石所以为受笔，以此两受其德日就。"落款："辛丑（清顺治十八年，1661）冬为仲远道社铭，今释。"侧铭：静娱室藏砚。

今释（1614-1680），字性因，号淡归，明末清初广东丹霞别传寺僧。俗姓金，名堡，字道隐，号卫公，仁和（今杭州市）人。崇祯十三年（1640）进士，授临清知县，为人耿直敢言，仕途多阻。南明时，相从转徙，屡上封事，意图恢复。两粤陷，乃投天然函昰禅师出家，从至广东东莞十余年。复精勤苦行，创丹霞别传寺。逝葬丹霞山，徐干学为撰塔铭。著有《遍行堂集》。

张嘉谟（1830-1887），字鼎铭，号遁叟老人、钝守、屋里山人、问花山人，广东东莞人。善诗词，工书画、篆刻，嗜古，尤笃钟鼎彝器、篆隶古刻。著有《静娱室题画诗》《墨兰诗集》《静娱室杂存》等。年轻时，投笔从戎，随叔父张敬修征战沙场，战功卓著，却不乐仕途，归隐家乡，修筑道生园。园中有船厅名心、慎余堂、静娱室、四照轩、曼陀花馆、花活草堂、问花小榭等厅房。常与文人雅士"觞咏其中"，居廉在此客居十年，道生园是岭南画派发源地之一。

23

仿秦汉古洗铭淌池砚

清早期（1644-1735）

长22厘米，宽14.6厘米，厚3.2厘米

　　宋坑端石，长方淌池式。砚额刻缪篆（鸟虫篆书）11字："□□□□□□□子孙永宝"；砚边右刻："仿秦汉古洗铭。王杰摹"；砚边左刻："后学辽阳高其佩赏"。两侧分别刻："此石产于粤东端州老坑大溪洞之紫端细洁坚润不易得也。录文仿考"，印"多寿"；"既端其方如圭如璋紫而且洁受者永昌。乙未（光绪二十一年，1895）重九登高后一日，叔平题"。砚背铭："洛阳金石友人心赏"。

　　王杰（1725-1805），字伟人，号惺国，陕西韩城人。乾隆二十六年（1761）状元，官至内阁学士。历任工部、刑部、礼部、吏部侍郎，后又任上书房总师傅、军机大臣等职。嘉庆帝即位，为首辅。王杰好书法，经常为乾隆代笔，与张照、曹秀先并为乾隆时代的"天地人"三才。

　　高其佩（1660-1734），字韦之，号且园、南村、书且道人。别号颇多，另有山海关外人、创匠等。奉天辽阳（今属辽宁）人，隶籍汉军。康熙时由宿州知州迁四川按察使，雍正间擢都统，后罢去。工诗善画，所绘人物山水，均苍浑沉厚，尤善指画，晚年遂不再用笔，为指画开山祖。

　　"叔平"为翁同龢的字。翁同龢（1830-1904），字叔平，号韵斋，自署松禅，晚号瓶生，又署瓶庐。江苏常熟人。咸丰六年状元，同治、光绪皇帝之师。官至协办大学士、军机大臣。

24

高凤翰铭平板砚

清早期（1644－1735）
长20厘米，宽13.5厘米，厚3厘米

　　老坑端石，有冻、火捺、胭脂晕等石品。长方平板式，一面薄雕图案，上为云蝠松树，下为福山寿海，中镌刻文字："高松作龙鳞，上有仙鼠穴，回翔山水间，不知经岁月，刻画著书砚，非玉亦非铁。"下署"雍正癸丑（雍正十一年，1733）二月，南村翰铭"。侧篆刻"古冈州李氏思迟阁莘圃藏研"。

　　高凤翰（1683－1749），山东胶州人。清代画家、书法家、篆刻家。又名翰，字西园，号南村，又号南阜、云阜，别号因地、因时、因病等40多个，晚因病风痹，用左手作书画，又号尚左生。雍正初年，以诸生荐得官，为歙县县丞，署绩溪知县，罢归。去职后流寓扬州，为扬州八怪之一。画山水花鸟俱工，工诗，尤嗜砚，藏砚过千，皆自为铭词手镌之。有《砚史》《南阜集》。

25

蕉叶双螭砚

清早期（1644–1735）
长14.5厘米，宽10厘米，厚1.5厘米

　　宋坑端石，有金钱火捺、马尾纹
等石品。长方周正，砚额雕芭蕉叶遮
掩墨池，池中有双螭戏嬉，砚堂斜通
砚池。砚背深陷无纹饰。

鹦鹉砚

清早期（1644-1735）
长15.5厘米，宽11.5厘米，厚2.5厘米

　　梅花坑端石。利用石眼作睛，雕
出相依的大少鹦鹉，圆首弯喙，极其生
动。大鹦鹉背部为砚堂，双翼环抱，回
首梳理一翼羽毛，另一翼护着小鹦鹉，
雕作砚池；背平滑素净有眼。

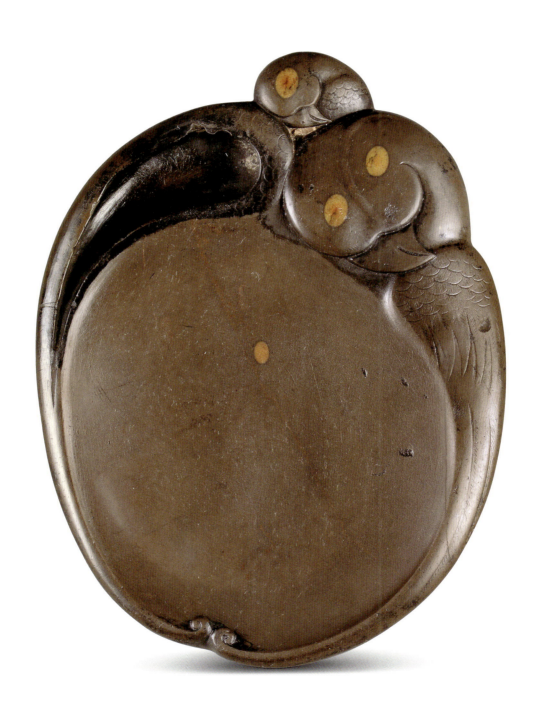

双池抄手砚

清早期（1644-1735）
长18.5厘米，宽21.2厘米，厚3.5厘米

　　宋坑端石。砚面近方，双砚池并列，砚堂平坦而浅，墨池窄小而深。边缘起线规整，刀工利落。一石开双砚，又名双履砚。一边研朱砂用于批红，一边研墨用于写字，一砚双用，很多是官府用来批文之用。底部挖空，前侧落地两侧为墙足，便于用手抄底托起。

28

余甸铭二甲传胪砚

清早期（1644—1735）
长11.7厘米，宽11厘米，厚2.8厘米

　　黄蚓矢端石。砚面琢为仰而卷边的荷叶，巧用石皮的黄礴表现老荷叶边上的焦黄。荷叶中平滑之处为砚堂，上方半卷叶边深凿为砚池，池边芦荻内伏二蟹，极其生动，隐含二甲传胪之意。背面刻荷叶茎脉，倍添趣味，叶脉间刻："留得残荷听雨声"，下署"甸"，另又刻"古泉"二字。

　　余甸（1655—1726），初名祖训，字仲敏，改名甸，字田生，晚更号芳初，又字修吾，福建福清人。康熙四十五年（1706）进士，历官四川江津、吏部主事、充宁道、擢山东按察使，逾年入为顺天府丞。著有《千卷楼集》《入蜀集》《出蜀集》《田生文集》等。一生爱砚，收藏砚台颇丰。

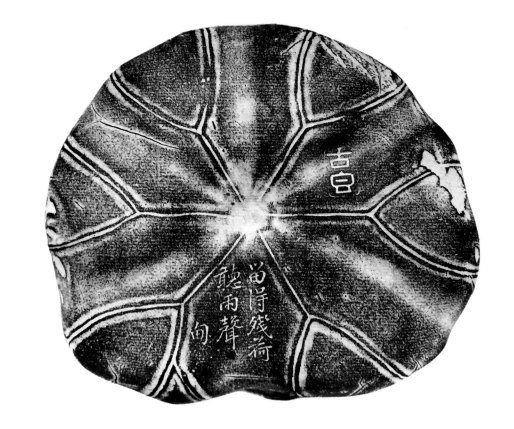

29

李馥铭淌池砚

清早期（1644-1735）
长15厘米，宽10厘米，厚2.5厘米

坑仔岩端石，长方圆角，淌池式。砚边浅刻如意云、博古纹；砚背宽边，内凹处镌刻："廉则正，宽能受屈。君子之座右。"落款"鹿山"。印二"李""馥"。造形平正，包浆沉实。

李馥（1662-1745），字汝嘉，号鹿山，又号信山居士，福建福清人。清康熙二十三年（1684）举人。历任工部员外郎、刑部郎中、重庆知府、河东运使、江宁按察使、安徽布政使、浙江巡抚等职。工诗，好藏书，营"居业堂"及"笔山阁"，藏书达十余万册，多有善本。爱砚，善撰砚铭。所镌砚铭，反映了他的文学修养、审美情趣和价值取向。著有《鹿山诗钞》《居业堂诗稿》。

云龙吐珠砚

清乾隆（1736-1795）
长16.8厘米，宽13.5厘米，厚2.3厘米

　　老坑端石，上有金钱、石眼、玉
点等石品。砚随石形而作，砚面上首
雕云龙吐水，云漫满天越背，云间深
凿出砚池；滔滔流水漫作砚堂；背以
石眼施艺雕以云龙吐珠。包浆厚实，
古香莹泽。

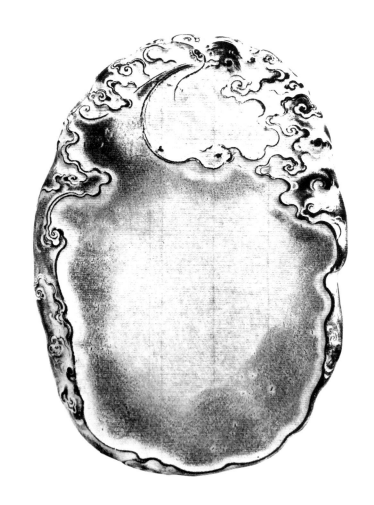

沈廷芳铭荷叶砚

清乾隆（1736—1795）
长18.4厘米，宽14.5厘米，厚3.2厘米

　　宋坑端石，上有金钱火捺、马尾火捺、蕉白、朱砂斑、石眼等石品。随石形雕出上卷荷叶作砚堂、砚池；砚额以眼雕就莲蓬、莲叶蒂。砚背不平整，稍加斧治上刻："秀句本东坡，青青出水荷，水芝寓山骨，文笔泻芎波。""莲叶古砚式也，乾隆己丑（乾隆三十四年，1769）秋琢此题示长孙守正，晚芝翁，时年六十有八"。印二"沈""廷芳"。

　　随砚形配盒，盒盖内贴一文："沈廷芳，仁和人，字椒园，一字畹叔，六十后自署晚芝翁。乾隆初由监生召试鸿博授庶吉士，累官河南按察使，受诗学于查慎行，受古文法于方苞，究心经术书法华亭，工铁笔，善制砚，尝将水坑美材，必躬亲琢磨，系以铭辞，古趣盎然。康熙壬午（康熙四十一年，1702）生，乾隆癸卯（乾隆四十八年，1783）卒，年八十有二，著有《十三经正字》《续经义考》《古文指授》《舆（盥）蒙杂著》《椒园砚谭》《隐拙斋集》等书。录《杭州府志》"。

　　沈廷芳（1702—1783），字畹叔，一字萩林，号椒园，晚号盥蒙，仁和（今浙江杭州）人。由监生举鸿博，授编修，迁御史。对砚台情有独钟，书斋中藏名砚甚多，且常为砚作铭。晚年掌教广东端溪、广州粤秀、福建鳌峰、安徽敬敷、仪征乐仪等书院。著述《隐拙斋诗集》《隐拙斋文集》《舆蒙杂著》《古文指绶》《鉴古录》《下学渊源》《十三经注疏正字》《续经义考》等。

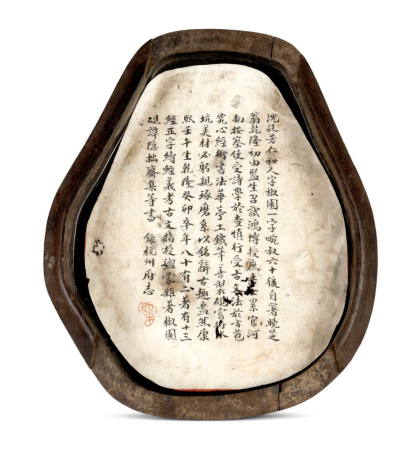

秀句本東坡青々出水
荷水芝寓山骨文筆寫
卿波
蓮葉古硯式也乾隆己丑秋
琢此題示長孫守正
晚芝翁有當年六十

七星太史砚

清乾隆（1736–1795）
长11.4厘米，宽7厘米，厚4.4厘米

　　梅花坑端石。太史式，砚堂平坦，一字砚池，三面围栏，尾无栏。砚面平正庄重，线条简练。抄手内出七柱，长短不一，每柱有眼，有七星聚曜之义，亦寓作北斗七星。墨光莹润，形制古朴，简约大气。

天然石砚

清乾隆（1736-1795）
长25.8厘米，宽17.2厘米，厚3厘米

　　天然随形，刀凿无多。中微凹
作砚堂，以蛀洞为砚池，池边镌刻：
"华山马跑泉图"，无边无饰。背
未加雕琢，中刻"乾隆丙子（乾隆
二十一年，1756）"四篆字。

云龙纹砚

清乾隆（1736–1795）
长15.1厘米，宽10厘米，厚1.8厘米

　　白线岩端石。长方圆角，包浆深
厚。受墨处椭圆形，其上凿偃月形砚
池，四周浅刻夔龙纹；背起阔边。整
体造形古雅大方。

金蟾戏珠砚

清乾隆（1736-1795）
长19.5厘米，宽16.5厘米，厚2.7厘米

　　麻子坑端石。砚随子石形设计，
巧以砚额高眼作珠，砚池中雕一三足
蟾蜍昂首作戏珠状，口吐祥云，云气
氤氲。墨锈深裹，古趣盎然。"蟾"
为古代神话中的瑞祥之物，传说金蟾
有三足为灵物，有"吐宝发财，财源
广进"的美好寓意。

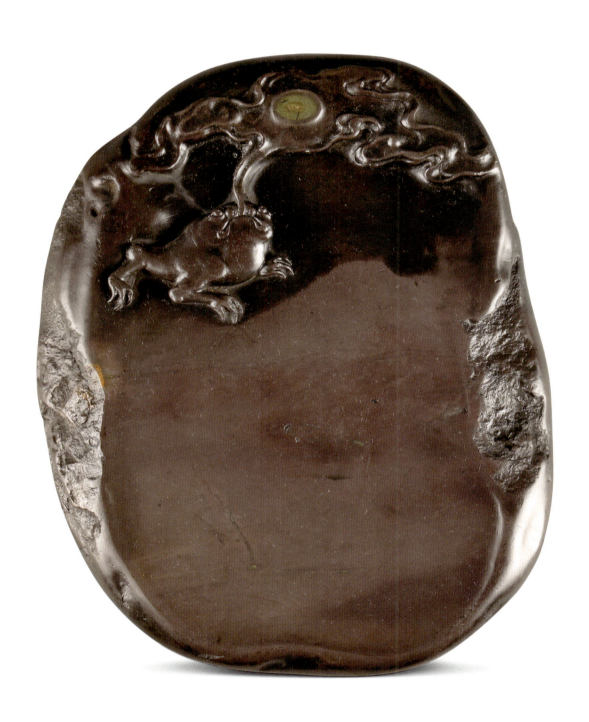

夔纹砚

清乾隆（1736-1795）
长15厘米，宽9.6厘米，厚2.7厘米

　　黄蚓矢端石。砚堂平坦宽阔，砚额雕两夔龙拱"古希天子"椭圆形印，砚背下凹两层，中镌隶书铭："固因磨墨有陶泓，砚也何来即此卿。新样非关夸手巧，别裁可识寓思精。必偕出处犹为远，相忘主宾莫与争。声应气求求应在，研来合相祗天成。"下署"丙午（乾隆五十一年，1786）新春御铭"，印章二"乾""隆"。造形古朴，雕工细致，刀法纯熟，包浆均匀莹亮。

固曰磨墨胄陶泓硯也何來
即此鄉墨樣非關詩僧手巧別來
裁可識寓新思精火僧嵐靈巧
為相憨總主賓莫與爭聲應猶
氣遂求應枉研來合相祗天鷹
嚴求丙个新春御銘

齐召南铭斗形砚

清乾隆（1736-1795）
长12厘米，宽9.6厘米，厚5.7厘米

  宋坑端石，天然石子形如斗，利用象形，略加斧治而成。侧面镌"墨饱"，后署"次风题"，印"齐氏"；另一侧刻铭："工于蓄聚，不吝于挹注。富而如斯，于富乎何恶。"署"晓岚纪昀"。墨锈深透，古香莹泽。

  "次风"是齐召南的字。齐召南（1703-1768），字次风，号琼台，晚号息园。浙江天台人。雍正十一年（1733），举博学鸿词。乾隆元年（1736），召试于保和殿，钦定二等第八名，为翰林院庶吉士，授检讨，历官至礼部右侍郎，参与纂修经史考证。著有《宝纶堂集古录》《宝纶堂文钞诗钞》《琼台集》《历代帝王年表》《后汉公卿表》等。

  纪昀（1724-1805），字晓岚，一字春帆，晚号石云，道号观弈道人，直隶献县（今河北沧州市）人。清代政治家、文学家。历官左都御史，兵部、礼部尚书、协办大学士加太子太保管国子监事，曾任《四库全书》总纂修官。纪晓岚一生嗜砚，藏砚成癖，其书斋有"九十九砚斋"之称，足见其藏砚之丰。著有《阅微草堂砚谱》。

38

袁枚铭仿汉镜砚

清乾隆（1736—1795）
直径12厘米，厚1.5厘米

　　坑仔岩端石，有金钱火捺。砚面作辟雍式，又称环形走水砚。砚面边镌刻隶书铭："黑水西河惟端州，厥田上上，厥赋中下，厥贡词赋翰墨，璆琳瑯玕，导明小至于积墨，导墨小至于菅城，文教讫于四海，用锡元璧，告厥成功。"下署款"袁枚仿禹贡作铭"。砚背仿汉代四兽铜镜造形，中一周篆书铭文："石与之形，金与之貌，如玉如莹，亦玄亦妙，十二龙宾，籍君作照。"署款："子才子作镜研铭"。

　　"子才"为袁枚的字。袁枚（1716—1797），字子才，号简斋，晚年自号随园主人、随园老人、仓山居士，浙江杭州人。清代诗人、散文家，乾隆四年（1739）进士，官江宁知县。袁枚与赵翼、蒋士铨合称"乾隆三大家"，著《小仓山房集》《随园诗话》等。

夔龙纹砚

清乾隆（1736—1795）
长14厘米，宽9厘米，厚1.4厘米

　　黄蚓矢端石，有蕉叶白、耳环
圈、翡翠点等石品。长方切角形，
砚堂八方，上额回纹作锦地，雕两
夔龙左右内向朝正圆砚池，线条
明晰。砚背起宽边无纹饰。做工细
致，趣味盎然。

蟠螭砚

清乾隆（1736-1795）
长14.2厘米，宽10.4厘米，厚1.8厘米

　　黄蚓矢端石，见马尾火捺等石
品。淌池式，砚边雕卷草纹图案，受
墨处微洼，蟠螭出没砚池。背欠完
整，稍加砻治，尽显天然。

云海日出砚

清乾隆（1736-1795）
长16.2厘米，宽10.5厘米，厚1.2厘米

　　黄蚓矢端石，有席纹、玉带等石品。长方周正，砚堂平板，无边线；流云作砚池，后为隐日，有云海日出之意象。背镌刻行草铭："蕉白凝辉，火痕璀璨，磨琢成材。可以旁龙沼，挥凤翰，华日庆云于缦。"下署"乾隆乙巳（乾隆五十年，1785）阳月瑞光书院香圃林梦椿志"，印"香圃""林氏"。

　　瑞光书院，位于广东饶平。清乾隆十二年（1747）海防同知陆镛、知县万承式及乡绅倡建于城东九十里之瑞光台（今黄冈凤江南岸），故名"瑞光"。

颛堂铭门字形砚

清乾隆（1736-1795）
长15.2厘米，宽10.8厘米，厚2.6厘米

　　宣德岩端石，有火捺、翡翠点、木棉蕉、蚁脚青花等石品。砚面门字形，素净无纹，砚堂宽阔，凤字砚池。背宽边内凹镌行书铭："温润而泽，缜密以栗。砚兮，砚兮，于汝比德。"下署："己亥（乾隆四十四年，1779）花朝蒲堂为晓岩博士铭"，边珠方印"朝""锡"。

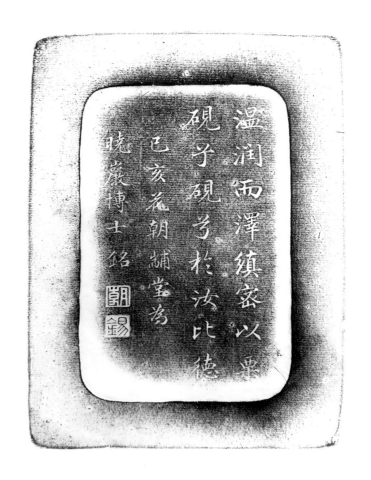

兰亭序砚

清乾隆（1736－1795）

长22厘米，宽13.5厘米，厚3.8厘米

端州砚石，砚体厚实，长方平整。砚面开凿池堂；砚背内凹两层，中刻："知白守黑，端材之良，宜笔下墨，欣我文房。"署款"张照"。砚的面背及两侧满布文字，为《兰亭序》。

右侧铭刻："永和九年（353），岁在癸丑，暮春之初，会于会稽山阴之兰亭，修禊事也。群贤毕至，少长咸集。此地有崇山峻岭，茂林修竹，又有清流激湍，映带左右。引以为流觞曲水，列"

砚堂边刻："坐其次。虽无丝竹管弦之盛，一觞一咏，亦足以畅叙幽情。是日也，天朗气清，惠风和畅。仰观宇宙之大，俯察品类之盛，所以游目骋怀，足以极视听之娱，信可乐也。夫人之相与，俯仰一世。或取诸怀抱，悟言一室之内；或因寄所"

左侧铭刻："托，放浪形骸之外。虽趣舍万殊，静躁不同，当其欣于所遇，暂得于己，快然自足，曾不知老之将至。及其所之既倦，情随事迁，感慨系之矣。向之所欣，像俯仰之间，已为陈迹"

砚背边刻："犹不能不以之兴怀。况修短随化，终期于尽。古人云："死生亦大矣！"岂不痛哉！每揽昔人兴感之由，若合一契，未尝不临文嗟悼，不能喻之于怀。固知一死生为虚诞，齐彭殇为妄作。后之视今，亦犹今之视昔，悲夫！故列叙时人，录其所述。虽世殊事异，所以兴怀，其致一也。后之览者，亦将有感于斯文。"下署："乾隆庚子（乾隆四十五年，1780）仲秋日临，王杰。"

王杰（1725－1805），字伟人，号惺国，陕西韩城人。乾隆二十六年（1761）中状元，官至内阁学士。历任工部、刑部、礼部、吏部侍郎，后又任上书房总师傅、军机大臣等职。嘉庆帝即位，为首辅。王杰经常为乾隆代笔，与张照、曹秀先并为乾隆时代的"天地人"三才。

汪启淑铭云龙砚

清乾隆（1736-1795）

长24.7厘米，宽16.5厘米，厚2.8厘米

端州北岭石。长方平直，砚额深雕云龙，刻工精细，一丝不苟。砚背起四边，内凹处镌刻《朱子治家格言》一则："黎明即起，洒扫庭除，要内外整洁；既昏便息，关锁门户，必亲自检点。一粥一饭，当思来处不易；半丝半缕，恒念物力维艰。宜未雨而绸缪，毋临渴而掘井。自奉必须俭约，宴客切勿留连。器具质而洁，瓦缶胜金玉；饮食约而精，园蔬愈珍馐。勿营华屋，勿谋良田。三姑六婆，实淫盗之媒；婢美妾娇，非闺房之福。童仆勿用俊美，妻妾切忌艳妆。祖宗虽远，祭祀不可不诚；子孙虽愚，经书不可不读。居身务期简朴；教子要有义方。勿贪意外之财，勿饮过量之酒。与肩挑贸易，勿占便宜；见穷苦亲邻，须加温恤。刻薄成家，理无久享；伦常乖舛，立见消亡。兄弟叔侄，需分多润寡，长幼内外，宜法肃辞严。听妇言，乖骨肉，岂是丈夫，重赀财，薄父母，不成人子。嫁女择佳婿，无索重聘；娶媳求淑女，勿计厚奁。见富贵而生谄容者，最可耻；遇贫穷而作骄态者，贱莫甚。居家戒争讼，讼则终凶；处世戒多言，言多必失。勿恃势力而凌逼孤寡；勿贪口腹而恣杀生禽。乖僻自是，悔误必多；颓惰自甘，家道难成。狎暱恶少，久必受其累；屈志老成，急则可相依。轻听发言，安知非人之谮愬？当忍耐三思；因事相争，焉知非我之不是？须平心暗想。施惠无念，受恩莫忘。凡事当留余地，得意不宜再往。人有喜庆，不可生嫉妒心；人有祸患，不可生喜幸心。善欲人见，不是真善；恶恐人知，便是大恶。见色而起淫心，报在妻女；匿怨而用暗箭，祸延子孙。家门和顺，虽饔飧不继，亦有余欢；国课早完，即囊橐无余，自得至乐。读书志在圣贤，为官心存君国。守分安命，顺时听天。为人若此，庶乎近焉。治家格言一则。"署款"乾隆甲子（乾隆九年，1744）清和月上浣，飞鸿堂主人汪启淑书刻"。下一印"汪"。

汪启淑（1728-1798），字秀峰，号讱庵，一字慎仪。安徽歙县人，寄居杭州。家以经商致富，遂捐官为工部都水司郎中、兵部职方司郎中。喜交友，与厉鹗、杭世骏、朱樟结"南屏诗社"。嗜古代印章，精篆刻，自称"印癖先生"。汪启淑家中藏书极富，有藏书楼"开万楼""飞鸿堂"，藏书数千种，数万册。辑有《飞鸿堂印谱》《汉铜印丛》《飞鸿堂砚谱》《飞鸿堂墨谱》等。

蟠螭砚

清嘉庆（1796-1820）
长14.5厘米，宽10.5厘米，厚1.5厘米

　　白线岩端石。砚面平坦开阔，顶处雕一首尾相接夔龙，四周环边为龙身。砚背宽边中洼刻楷书："嘉庆癸酉年（嘉庆十八年，1813）制"。配盒盖上刻行书："修尔绠、汲古井，勤则宜，永存尔，肩播石田，力则逢年。"署款："道光丙申（道光十六年，1836）仲夏御笔"。篆刻印章二枚："日进无疆""道光宸翰"。

修东硬汲左并勒
则宜永佐东盾播
石田力则逢年
道光丙中仲复
御笔圖圖

阅微草堂风字砚

清嘉庆（1796—1820）
长12.5厘米，宽11.5厘米，厚1.5厘米

　　老坑端石，有青花、火捺、碎冻、马尾火捺等石品。砚面呈涮池风字，三边环边，砚堂斜入砚池，过渡间雕一流云拥月；砚背宽边，内凹处镌篆书："西洞菁英"，楷书署款"嘉庆丙子（嘉庆二十一年，1816）仲春""阅微草堂识"，篆印"纪"；尾侧刻："晓岚文房"。

　　纪昀（1724—1805），字晓岚，一字春帆，晚号石云，道号观弈道人，直隶献县（今河北沧州市）人。清代政治家、文学家。历官左都御史、兵部、礼部尚书、协办大学士加太子太保管国子监事，曾任《四库全书》总纂修官。纪晓岚一生嗜砚、藏砚成癖，其书斋有"九十九砚斋"之称，足见其藏砚之丰。著有《阅微草堂砚谱》。

蟾蝠砚

清嘉庆（1796-1820）
长14.7厘米，宽13厘米，厚1.9厘米

　　朝天岩端石。砚随石形雕成，
砚面上首利用黄磦雕出蟾蜍吐祥云，
有蝙蝠穿云飞舞，当中如意云头作砚
池，下出砚堂稍洼。砚背天然，略加
砻治为云山小景；右边空白处镌刻铭
文："润莹石膏，香沁薰心，弥云一
片，供众清以。"署："丙子（嘉庆
二十一年，1816）七月铭于三山醉石
斋""韶九"，篆字印"筠卿""韶
九氏"。

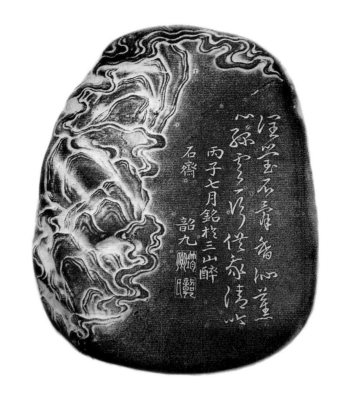

南山铭平板砚

清嘉庆（1796-1820）

长22.5厘米，宽15厘米，厚2.8厘米

麻子坑端石，有绿豆眼、席纹、火捺等石品。长方直角，两面平板素身，不着雕饰，纯为赏石。两侧皆有铭，一侧铭："浴月沐日，宝兴奇质。是玉之良，是金之吉。非舣而舣，罕匹得匹。在替包投令，兹闲出客曰。"另一侧刻："藏之以镇尔室主曰铭之爱昭其实。"下署"嘉庆十八年（1813）岁在昭阳作噩风满楼主人出研见固题以志之"，印一"南山"。

配有镶玉象盒，盖篆书铭："太阿出匣，拱璧拙藏，斯文之宝，尚韬尔光。"落款："道光壬午（道光二年，1822）蒲月节（端午节）临鼎"，"文于清慎轩扬州芸台铭"。

"风满楼主人"为叶梦龙。叶梦龙（1775—1832），字仲山，号云谷，南海（今广州）人。为"十三行"行商叶廷勋之子，官至户部郎中。与翁方纲、伊秉绶、汤贻汾、吴荣光等书画藏家相交往，嗜金石，富收藏，集有《风满楼书画录》《风满楼集帖》《贞隐园古篆法帖》《友石斋集古帖》《国朝名贤法帖》等，人称风满楼主人。

"南山"是张维屏的字。张维屏（1780-1859），字子树，又字南山，号松心子。广东番禺人，嘉庆九年（1804）中举人，道光二年（1822）成进士，先后出任湖北长阳、黄梅、江西泰和等县知县和湖北襄阳、江西袁州、南康知府，为官清廉。

"芸台"是阮元的号。阮元（1764-1849），字伯元，号芸台、雷塘庵主，晚号怡性老人。江苏仪征人，乾隆五十四年（1789）进士，先后任礼部、兵部、户部、工部侍郎，山东、浙江学政，浙江、江西、河南巡抚及漕运总督、湖广总督、两广总督、云贵总督等职。历乾隆、嘉庆、道光三朝，体仁阁大学士，太傅，谥号文达，在经史、数学、天算、舆地、编纂、金石、校勘等方面都有着非常高的造诣，著有《小沧浪笔谈》，撰成《山左金石志》，编纂《广东通志》。

与50."叶梦龙铭平板砚"为一对。

道光壬子蒲月節臨鳳

亥陌林匠
拱壁挫藏
瓶食巡寶
尚韜兩吟

大盆張淮軒揚州畫臺銘

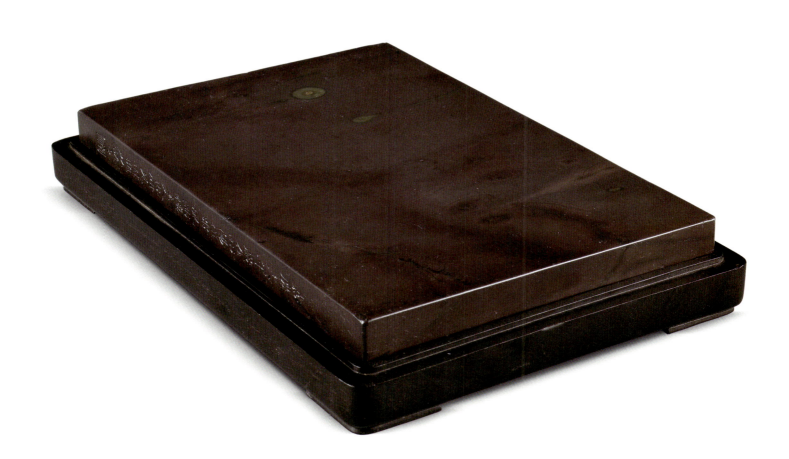

叶梦龙铭平板砚

清嘉庆（1796-1820）
长22.5厘米，宽15厘米，厚2.8厘米

　　麻子坑端石，有绿豆眼、席
纹、火捺等石品。长方直角，两面
平板素身，不着雕饰，纯为赏石。
两侧皆有铭，一侧铭："端州之
西，是生奇石，胎孕岳灵，涵濡云
液，匪铁而坚，匪玉而泽，无花不
青，赛蕉以白，我来廿年，岩搜洞
择。"另一侧刻："宝此双珪，珍
逾合璧，子子孙孙，用享无射"署
款："嘉庆壬申（嘉庆十七年，
1812）季冬云谷自铭"。

　　配镶玉狮盒，盖铭："秀毓灵
钟，惟斯两个，什袭天藏，圭无使
研。"下署："道光壬午（道光二
年，1822）蒲月节临鼎文于清慎轩扬
州阮元题"。

　　此砚与49"南山铭平板砚"为
一对。

道光壬午蒲月朔潘温陽
考辨靈鍾
進眾冊叩
什襲而藏
圭璧傳韻
冬日孫阮臣臨軒揚洲玩先

51

潘绍经铭平板砚

清道光（1821–1849）

长16.5厘米，宽14厘米，厚2.5厘米

黄蚓矢端石，有火捺、胭脂晕、蕉白等石品。日字形平板式，无池无堂，只一面隶书刻铭："其质温润如雨初霁，方寸良田不用租税，子孙保之永无恶岁。"下署："道光甲辰（道光二十四年，1844）汉石题"。

"汉石"是潘绍经的字。潘绍经，字汉石，顺德冲鹤人。工书法，各体皆能，尤擅汉隶。阮元督粤时，对其赏识有加，因而书名大起。

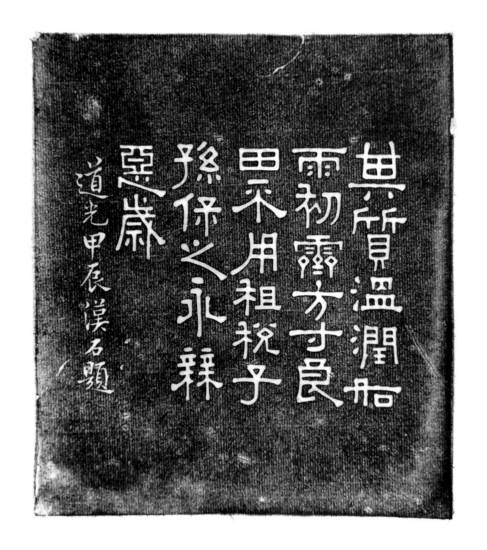

52

梅花砚

清道光（1821-1849）

长20.5厘米，宽15厘米，厚3厘米

端州白露石，随石形雕淌池式
砚。砚背雕一斜出的老梅树，枝上有
梅花数朵。上空白处刻："梅清石润
箸墨皆香无俗韵"，下署"道光乙酉
（道光五年，1825）□□铭"。下有
一方印。梅花一直是文人墨客吟诗作
画的题材。

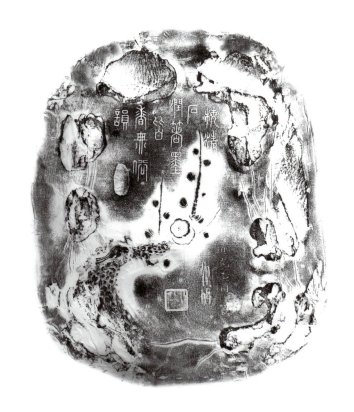

端溪砚坑图砚

清道光（1821–1849）
长19厘米，宽15厘米，厚3.8厘米

  老坑端石。砚形近椭圆，额雕龙腾云端；砚背刻端溪地形图，图中有广东肇庆与采石有关的古迹庙宇及老坑透视图，标示水岩洞内一些砚坑名称、位置，虽非专业地图，但对端砚的研究具有参考价值。这类"端溪图砚"是道光朝肇庆砚人研制的新产品，天津博物馆和美国纽约大都会博物馆各藏一方。与同时期出版的高要藏砚家何传瑶名作《宝砚堂砚辨》所载的"砚岩内图"（广东香山举人黄培芳绘）相呼应。

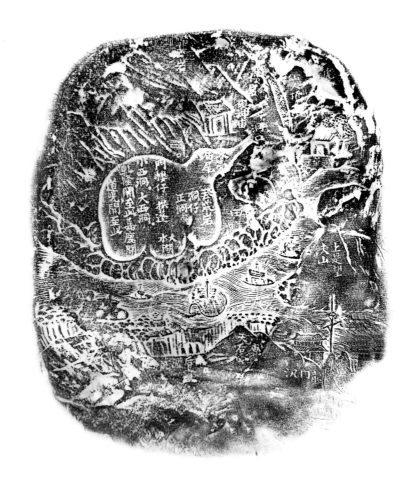

54

玉兰花砚

清道光（1821–1849）
长15.2厘米，宽9.6厘米，厚1.9厘米

　　黎木根端石。随材形雕以玉兰
花状，不分池堂，平滑无栏，顶部覆
以过墙花叶。背面大部分被叶覆盖，
露出处刻行书铭："石友之德如玉，
墨卿之香似兰，心花怒发。庶梦摹之
阑珊。"署款"道光乙未（道光十五
年，1835）何□自铭"。

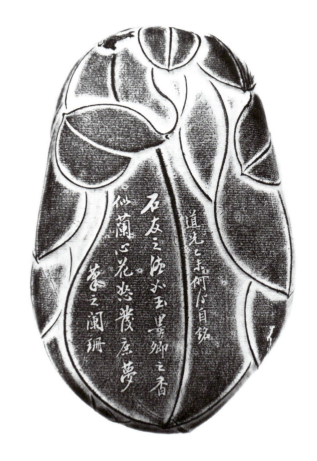

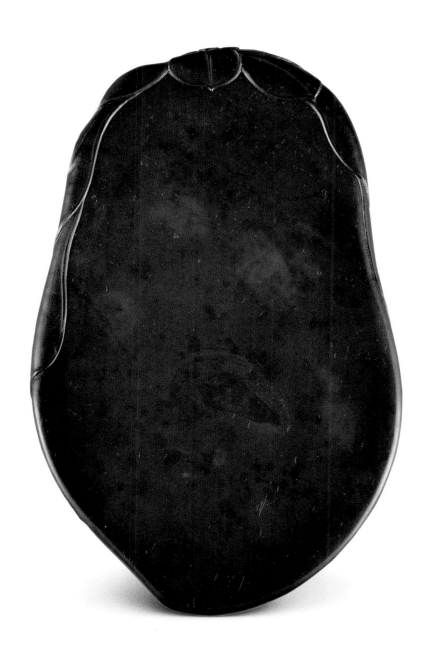

55

松鼠葡萄砚

清中期（1736-1850）
长20.5厘米，宽13厘米，厚2.1厘米

　　黄蚓矢端石，依石形雕成。砚
首覆盖葡萄叶，藤蔓下垂，有葡萄三
串，大粒者依石眼琢成，有两松鼠正
在偷吃葡萄；下端微洼为砚堂。葡萄
叶过墙覆砚背，以石眼雕成葡萄串，
左下角不完整，刻以线条装饰。正背
两面以高浮雕、浅浮雕技法雕制，线
条细腻流畅。

云月砚

清中期（1736-1850）

长12.8厘米，宽11厘米，厚1.8厘米

　　黄蚓矢端石，色青黑泛紫。砚面右上方凿月形凹池，并雕流云掩映其上。砚背浅浮雕江上行舟图，右下角署有行书款："吴门顾二娘制"。一侧镌："得少佳趣"，篆书印："黄绢幼妇"。另一侧篆书印二："十砚主人""黄任珍藏"。清早期，制砚以顾二娘名头最大，玩砚则以黄莘田名声最响。"顾琢黄铭"之砚，合二者之名望，声誉更隆，故后期多有仿冒。此砚雕工圆润，但是否真品尚待考量。

　　黄任（1683-1768），字于莘，又字莘田，因喜藏砚，自号十砚老人、十砚翁，永福（今福建永泰县）人。康熙四十一年（1702）举人，官广东四会知县兼署高要县事。黄任工诗善书，是闽中首屈一指的诗翁，尤有砚癖，著有《秋江集》《香草斋诗注》等。一般论者以为，黄任掌四会时节衣缩食，将余俸购买砚石，得良砚百余方。罢官归，船中所载惟砚石。归里后，砚石交付良工精制，最后选取十方最佳者，视为至宝。修建十砚轩收藏这些砚石，并自号十砚老人。黄任不仅爱砚，还能刻砚，常把赋诗刻于砚背之上。其实，黄任所珍爱的十砚，在任官广东前已收归其名下。

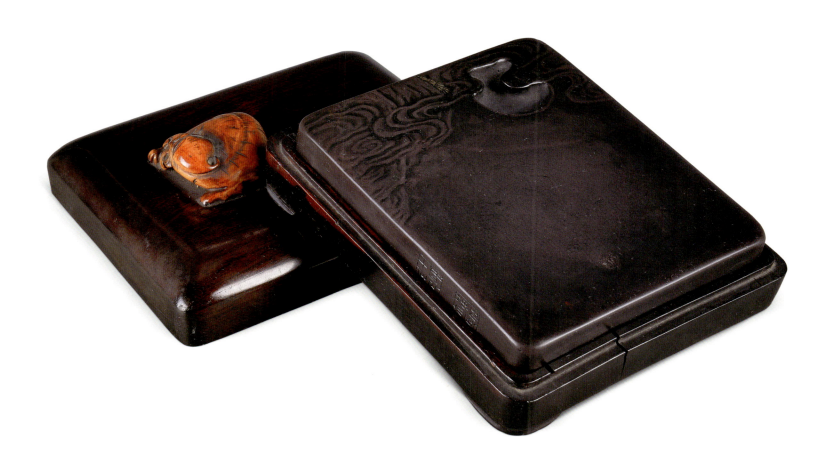

57

吕世宜铭抄手砚

清中期（1736–1850）
长17.5厘米，宽10.9厘米，厚1.8厘米

　　麻子坑端石，有鸲鹆眼、火捺、微尘青花石品。砚为抄手式，长方形，上窄而下宽，略呈梯形。砚面素净，砚堂宽阔，三面曲水为砚池。背面深凹，镌铭："温润其容，坚真其德，维君子之则"，落款"西邨铭"。砚雕工深峻，界勒平直，铭文意境高雅。

　　"西邨"为吕世宜的号。吕世宜（1784–1855），字可合，号西邨，晚号不翁。福建泉州同安人，祖籍金门。清道光二年（1822）举人，清代闽台两地著名的书法家，收藏金石甚富，精考据、工书法，篆隶尤佳。吕世宜爱砚，在《爱吾庐文钞》"记砚"篇中，他阐述了砚性之哲理，砚之性蕴于质，而非其表色、面纹，并进一步引发了对人生的思考。西邨爱砚，生前自撰墓记，且刻于砚背，嘱后人在其逝后以砚陪葬。

河图洛书淌池砚

清中期（1736-1850）
长25.6厘米，宽17厘米，厚3.3厘米

　　端州砚石。长方形淌池式，砚堂斜入砚池处雕一河图洛书。砚背内凹处上首镌篆书："河图洛书真宗御制"，下纵向刻："坎水离龟，洛书呈奇。阳正五方，阴隅四维。一九三七，二八四六。分对直乘，遥名目乘。阴两地乘，阳参天两地。右转参天，左旋一乘。至九左宜，右有数确。可据理难，尽剖数学。精微起于勾股，勾三股四。其弦则五。三倍不穷，万数之祖同。"落款为："丁未（道光二十七年，1847）小春粤濂史珍藏"。包浆润亮，形制规整大方，线条简约流畅。

河洛
圖書
真
宗
禦
製

仙李山房抄手砚

清中期（1736—1850）

长21.8厘米，宽14厘米，厚5.9厘米

　　端州砚石，砚体厚重。长方形抄手式，砚面素身；左侧刻篆书"一枝小隐"，下署"古冈渭叟作"；右侧刻隶书："仙李山房"，前侧刻隶书："结翰墨缘"。两边足分别刻："同治辛未（同治十年，1871）随侍豫章所得，越五十有六年，丙寅（民国十五年，1926）示豫记于南海。六当作五"；"石墨相箸而黑，邪心谗言，无得污白。守愚居士述"。

蜘蛛竹形砚

清中期（1736—1850）
长22.5厘米，宽15.8厘米，厚3厘米

　　砚随石形雕成剖开的两节覆竹，竹节均有苞芽，取意"竹苞松茂"。《诗·小雅·斯干》有"如竹苞矣，如松茂矣。"传《斯干》乃周宣王建造宫室时所唱之诗，竹苞松茂是说松竹茂盛，比喻居室堂皇、家族兴盛。中开砚堂，砚池中雕一蜘蛛，别有生趣；砚首竹节斜出枝叶，竹叶覆盖砚额，上面有剥蚀。砚背为两虚心竹节。因蜘蛛擅结丝网，故含"满腹经纶"的寓意；而蜘蛛和竹又有"知足"之意。

　　　　　　　　　　雅 俗 之 间

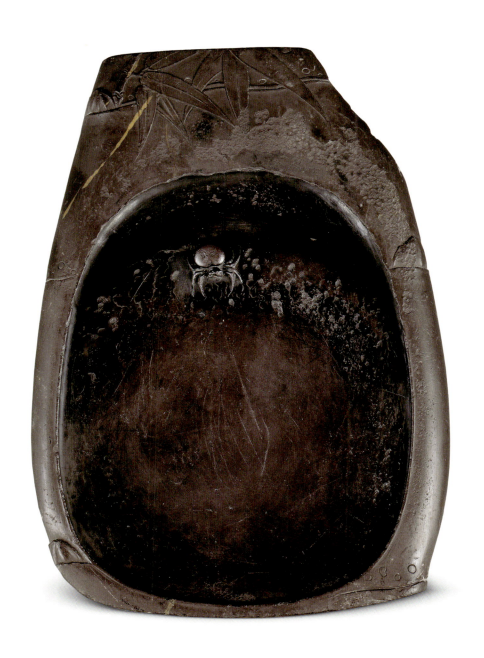

蜘蛛竹节砚

清中期（1736-1850）
长14.5厘米，宽14.3厘米，厚2.3厘米

　　老坑端石，砚材近方，以竹入砚。巧以石形雕琢出竹节，两节段间光滑微凹处作砚堂。下节雕有点状凸起的根痕和苞芽；上节旁出新枝叶，上精刻两只飞丝垂挂的蜘蛛，寓意"知足（蜘竹）常乐"。砚背相应雕出竹之虚心。

双螭耳瓶砚

清中期（1736-1850）
长30.5厘米，宽20.3厘米，厚5.5厘米

　　坑仔岩端石，石质温润细腻。
墨迹深厚，砚堂上有马尾纹、火捺、
蕉叶白等石品。长方形砚面四周起
框，饰回纹；铲地高浮雕双螭耳瓶，
瓶身四周深洼作砚池；瓶颈肩处雕饕
餮纹，身琢云蝠纹，瓶腹平坦作椭圆
形砚堂；造形规整凝重，纹饰雕刻工
细。背覆手内刻篆书铭："守如瓺，
介于后，任腧糜，挥不律。"篆书印
"容保堂藏"。

63

竹节形砚

清中期（1736-1850）

长16.2厘米，宽11厘米，厚2.7厘米

　　坑仔岩端石，竹被视为谦谦君
子，具有外刚内虚，不受傲雪，坚然
挺拔等品格，为文人雅士所喜爱，文
房用具常制作成竹节形。此砚随石形
雕成竹节状，砚堂居中偏下，平整开
阔；砚池呈偃月之状；砚额之上浮雕
节外生枝，枝叶交错，写实美观。砚
背如竹节剖面，分上下两节。造形精
美，雕工拙朴又不失细腻。

虫蛀砚

清中期（1736-1850）
长22.4厘米，宽17.2厘米，厚3厘米

　　老坑端石，砚堂处有冰纹。虫蛀
之空洞遍布砚堂四周，砚首一天然虫蛀
恰作墨池，雅趣自然；边略作琢磨，保
存石质原生态。端石中偶有出现似虫蛀
的千疮百孔，或如风化的岩穴，再加人
工刻意雕琢，更显石质之美。

双凤玉堂砚

清中期（1736-1850）
长15.4厘米，宽10.6厘米，厚2.3厘米

　　宋坑端石，方正规整，有马尾纹、火捺等石品。砚面三分之二为砚堂，堂的左右两边琢回纹，上下起边线作栏；堂上方凸一平台镌篆书"玉堂"两字，平台外三方环深渠以作墨池，额边雕双夔凤为饰。砚背平素无纹。

双狮椭圆砚

清中期（1736－1850）
长18.5厘米，宽13.6厘米，厚1.6厘米

　　老坑端石，有青花。椭圆形砚面
起边，上宽下窄；砚堂斜入砚池，池
中雕有双狮。砚背稍欠完整的部位雕
以云岫掩饰，后期崩缺一块。墨锈深
裹，斑绝奇古。

蕉叶砚

清中期（1736–1850）
长13.7厘米，宽9.1厘米，厚1.8厘米

　　麻子坑端石，有火捺、翡翠斑、
胭脂晕等石品。长方圆角，砚面三分
之二为受墨处，微凹；砚首伸展芭蕉
叶数片，其中一片深雕作砚池，令众
多芭蕉叶有了阴阳背向的效果。砚背
一角欠缺，素净无纹饰。

68

琴形砚

清中期（1736－1850）
长18.1厘米，宽11.9厘米，厚2.7厘米

　　麻子坑端石，有火捺、蕉白等石
品。仿七弦琴样式，琴面七徽分列，冠
角、龙龈、琴弦、岳山俱全，冠角处琢
双螭，项、腰间开砚堂、墨池；砚背微
洼素净。包浆醇厚，古意隽永。

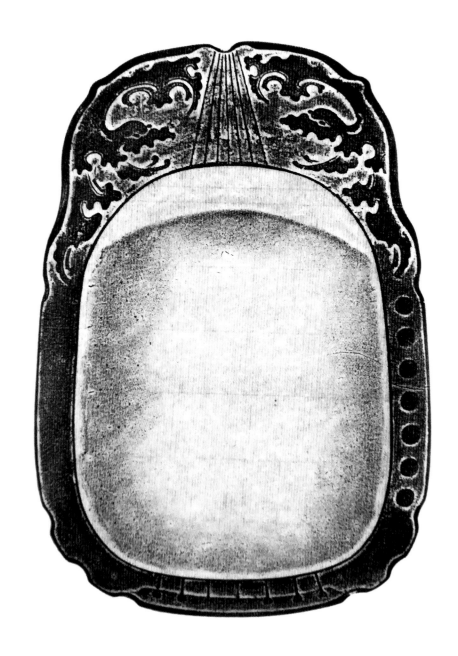

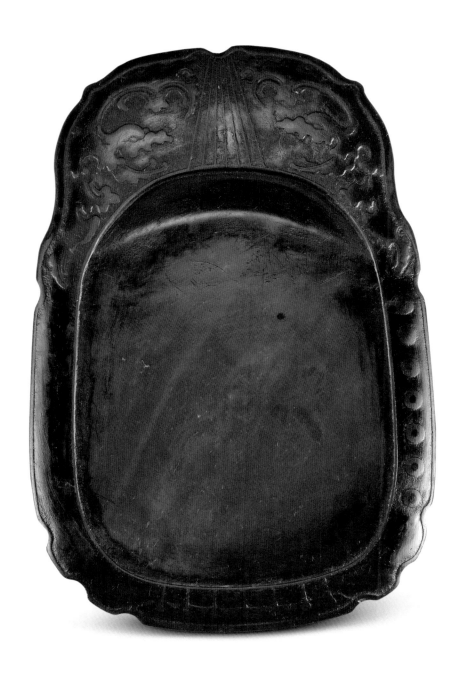

69

秋瓜砚

清中期（1736－1850）
长25厘米，宽15.8厘米，厚3.8厘米

　　麻子坑端石，两面刻作，质细而
润，有石眼、金线、胭脂晕、虫蛀等
石品花纹。随石形两面分别雕琢双瓜
和单瓜，瓜面均为受墨处，瓜顶及边
上枝叶藤蔓萦绕过墙，石上黄碟、虫
蛀被巧妙利用入图，尽得佳趣。

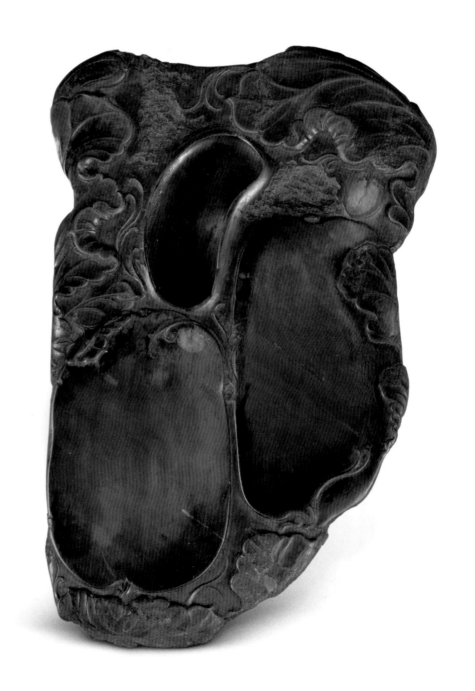

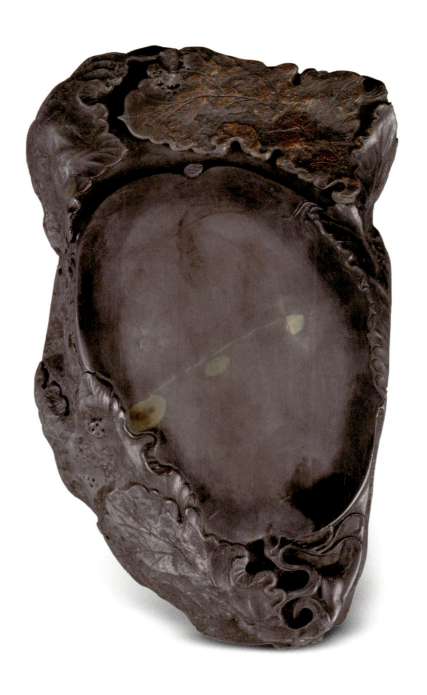

太平有象砚

清同治（1862-1874）
长14.8厘米，宽10厘米，宽2.3厘米

宣德岩端石，石质纯净、细润、娇嫩。色紫蓝微带灰白，有蕉叶白、青花、胭脂晕等石品。砚作一象耳瓶形，瓶身作砚堂，瓶口为砚池，有灵芝绕口，颈雕双龙戏珠，工精巧。底镌刻隶书铭："宣德岩石"，下署"清同治壬戌（同治元年，1862）仲春得于端州，闽安樵者"。

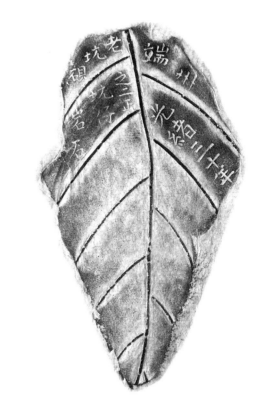

叶形砚

清光绪（1875－1908）

长22.5厘米，宽11厘米，厚2.3厘米

　　端州砚石。随砚石自然形
状雕以长叶形砚面，边起沿线；
叶柄处铭"观莲"二字；叶侧刻
"按察衙石"；背面雕出叶脉，
叶脉间刻有"端州""光绪三十年
（1904）""老坑砚""之二正坑仔
岩石"。

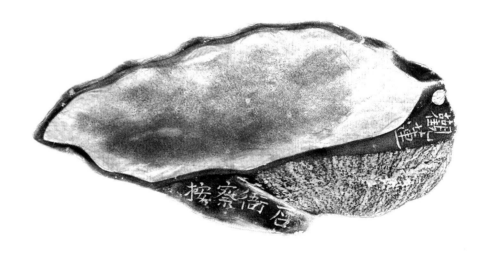

兽面龙纹双象耳瓶砚

清光绪（1875—1908）
长23厘米，宽24.2厘米，厚2.1厘米

　　老坑端石，依石雕成双面瓶形
砚。有鹅毛青花、蚁脚青花、银线、
翡翠斑等石品。一面瓶腹为受墨处，
围以回纹、夔龙纹；瓶口为砚池，上
刻"陈氏世保"四篆字；瓶颈线刻饕
餮纹，附对称双象耳。另一面瓶腹同
为受墨处，宽边上四条草尾龙穿云飞
舞，瓶颈云气蓊郁。

夔龙纹椭圆砚

清光绪（1875–1908）
长18.3厘米，宽13.5厘米，厚1.8厘米

  老坑端石，有金银线石品。椭匾
形，围边上宽下窄。受墨处连砚池，
砚池中雕一夔龙。砚背不完整，天然
随形，不施刻琢。

74

夔纹砚

清光绪（1875-1908）
长23厘米，宽15.7厘米，厚2厘米

　　老坑端石，石质温润，色青紫，
上有鹅绒青花，胭脂云，金银线等石
品。砚长方直角，边线劲挺，砚面宽
平斜入墨池，无界；三边浅雕双夔龙
围绕汇首砚额，夔龙造形高古，线条
流畅圆润。砚背四周起宽边。

山水桃花砚

清光绪（1875-1908）

长28厘米，宽18厘米，厚2.3厘米

　　老坑端石，有微尘青花、蚁脚青花、朱砂斑、金线等石品。砚石长方，不分面背。在略欠平整的砚面和有石疵之处，一面薄意浮雕山水，另一面雕桃花，雕工精巧、细腻流畅。非实用砚，为赏石砚。

山水桃花砚

清光绪（1875-1908）
长28厘米，宽18厘米，厚2.2厘米

　　老坑端石，有金银钱、胭脂火
捺、翡翠点、玫瑰紫、微尘青花等石
品，砚石长方，不分面背。在略欠平
整的砚面和有石疵之处，一面薄意浮
雕山水，另一面雕桃花，雕工精巧、
细腻流畅。非实用砚，为赏石砚。
　　与75"山水桃花砚"为一对。

77

麒麟吐书砚

清光绪（1875-1908）

长14.6厘米，宽10.5厘米，厚1.5厘米

蒲田青花端石，色青苍带紫，
质娇嫩细腻，有碎冻、鹅绒与微尘青
花、翡翠点、玉带等石品。卷书式，
长方形，砚堂占左下方，右边卷书阳
刻直行篆文"千书万卷"；砚额雕麒
麟吐玉书，书页翻卷处凿为砚池。构
图特别，刻工精细。背面素净宽边。

蕉叶平板砚

清光绪（1875—1908）
长16厘米，宽16厘米，厚3厘米

　　宣德岩端石，色紫红带灰，质细
而润。砚形近方，砚面素身无纹，砚
堂平坦无池；砚背两边琢蕉叶为饰。
此砚属玩赏砚，而非实用砚。

79

夔纹卷书砚

清光绪（1875–1908）
长14.7厘米，宽13厘米，厚1.9厘米

老坑端石，色呈紫红，有冰裂
纹、翡翠斑、金银线、鹅毛青花等石
品。随形雕成卷书状，砚堂平坦，右
边卷轴琢回纹，锦地上饰团龙，砚额
薄意雕一对相向的夔龙，线条工整流
畅，淳古雅致。背面上端为砚堂，下
端略加砻治平滑成自然形状。端石自
古以老坑为贵，采得石料后，往往不
作过多雕镂，只施之薄意，以体现石
之美。

福在眼前砚

清光绪（1875-1908）
长16.2厘米，宽11.5厘米，厚2厘米

　　老坑端石，有金线、胭脂晕等石
品。长方形，上弧下方。砚面平坦，
四周隐起边线，砚首浅雕祥云缭绕中
双蝠捧钱，喻福在眼前。砚背宽边无
纹饰。

云蝠砚

清光绪（1875—1908）

长15.2厘米，宽12.2厘米，厚2.2厘米

　　老坑端石，上有玫瑰紫、碎冻、
银线、玉带等石品。随形而作，一轮
红日以作砚堂，四周刻霭霭祥云相
拥，风起云涌间有五蝠飞翔，变幻莫
测；砚额深凿一朵如意云头作砚池。
砚背平滑素净。

荷叶形砚

清光绪（1875–1908）
长18.5厘米，宽17厘米，厚1.5厘米

　　老坑端石。有金线、翡翠斑石品。砚为卷荷式，荷叶形仰而卷边，受墨处如荷之承露；砚背刻荷叶蒂及叶脉，穹起筋丝宛然，亦朴亦雅。

灵芝纹砚

清光绪（1875−1908）
长14厘米，宽9.4厘米，厚1.8厘米

　　黎木根端石，有鱼脑冻、席纹、
火捺、金钱火捺等石品。砚面光滑，砚
堂开阔，砚池深凹。四边除尾端均剔地
饰灵芝纹，雕工圆润，不露锋芒。砚背
起边内凹处镌楷书铭："净几明窗下，
吟风弄月时。濡毫挥翰墨，香绕凤凰
池。"下署款"黄庭坚"。

云蝠纹对砚

清光绪（1875－1908）

长22.5厘米，宽15厘米，厚2厘米

　　麻子坑端石。色青紫略带蓝，有
胭脂火捺、蕉叶白、翡翠点等石品。
长方直角，对砚雕刻图案呈反相，砚
堂平坦宽广斜入砚池，砚边一阔一
窄，阔边与砚额浅雕流云与蝙蝠，线
条流畅圆润。对砚一般为礼品砚，四
侧和覆背多无纹饰，以预留买家作铭。

云蝠纹砚

清光绪（1875-1908）
长13厘米，宽9.1厘米，厚1.3厘米

　　黎木根端石，火捺、胭脂云等
石品明显。依石形雕成放拜帖的夹子
状，夹身为砚堂，夹口深凿为砚池，
有云蝠缭绕，口边雕以连珠纹装饰。
砚背光素平滑。砚材色微紫，质地细
洁，雕工精美，线条圆润，题材少见。

云龙纹随形砚

清光绪（1875-1908）
长14厘米，宽18.1厘米，厚1.9厘米

　　老坑端石，有蕉白、火捺、金线
等石品。借石之天然形状雕以双面砚，
一面砚池雕腾龙；另一面砚额满琢流云
相拥。图案简约，充分突显石品花纹。

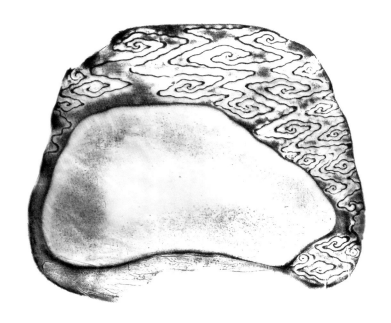

87

龙纹钟形砚

清光绪（1875—1908）
长15.7厘米，宽12.2厘米，厚1.9厘米

坑仔岩端石，有蕉白、火捺等石品。石质坚密，细腻温润。砚如古钟，砚堂上端稍凹以贮墨，其余部分为受墨处。边起栏，雕双龙相向汇首于顶。钟纽琢双头龙如璜，中空作砚池。砚背起沿边，光素无纹。整体线条流畅，古朴素雅。

水禽瓜蝶砚

清光绪（1875－1908）

长23.3厘米，宽11厘米，厚1.8厘米

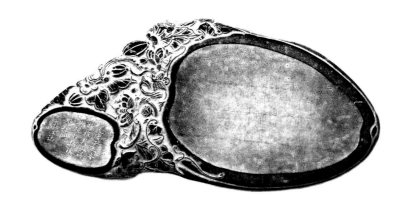

　　老坑端石，可见冰裂纹、银线、胭脂云等石品。巧借砚石自然形状，削余补偏，雕琢出双面砚。一面雕一对憨态可掬的水禽交颈相拥小憩，水禽背大者为墨堂，小者刻以铭："其鸳鸯耶，其鸬鹚耶，曷与我双双高飞，媲美于凤池之属耶。"落款："皆木铭"。另一面雕瓜蝶绵绵图，花叶、藤蔓间的大小两瓜，大瓜作墨堂，小瓜刻题记："光绪壬辰（光绪十八年，1892）冬时，榷羚岗得此砚于端溪水归洞。"下署："植生志"。构图特别，立意新颖。

　　依砚形配盒，盒盖上镌刻有："云出于山，水归其壑，保长惺惺，见潘泼泼，赤雅词章，白沙理学。"落款："癸亥（民国十二年，1923年）秋为阆泉五兄作，石禅老人藩"。印二："颐園""如来弟子"。

　　"石禅老人"为赵藩的号。赵藩（1851－1927），字樾村，一字介庵（界庵），别号蠖仙，晚年号石禅老人。白族，云南省剑川人，中国近代历史上著名的政治家、学者、诗人和书法家。光绪乙亥年（1875）举人，曾任四川臬台，官至川南道按察使。参加过辛亥革命和护国、护法运动，历任众议员，南方军政府交通部长，1920年辞职回滇，任云南省图书馆长。蔡锷、李根源皆其门生。

　　"阆泉"为陶湘的字。陶湘（1871－1940），字兰泉，号涉园，江苏武进人。近代藏书家、刻书家。光绪二十八年（1902）经铁路大臣盛宣怀、直隶总督袁世凯保荐，任京汉路养路处机器厂总办、上海三新纱厂总办。民国后历任招商局董事、天津中国银行经理、北京交通银行总经理，民国18年（1929）应聘故宫博物院专门委员。

双象耳瓶犀纹砚

清光绪（1875-1908）
长16.3厘米，宽10.8厘米，厚1.9厘米

　　宣德岩端石，色紫红，有胭脂
火捺。长方形砚材上雕双象耳瓶，受
墨处为瓶腹，瓶口为墨池。瓶肩满布
云纹，颈口沿饰蕉叶纹，肩颈处对称
雕双象耳；瓶周剔地刻犀纹。构图饱
满，雕工细腻。砚背平滑光身无纹。

刘伶醉酒砚

清光绪（1875-1908）
长20.9厘米，宽16.3厘米，厚2.8厘米

　　黎木根端石，有金钱火捺、玉带、鸡血线、鹅绒青花、青花结等石品。因石构图，砚面雕刘伶身穿常服，头巾束发，醉眼朦胧，左手拿书，右手拿杯，环抱酒坛，醉态可掬。砚背行刀简练，意到即止。酒坛为砚堂，坛口作砚池，整砚造形独特，人物形象生动传神。

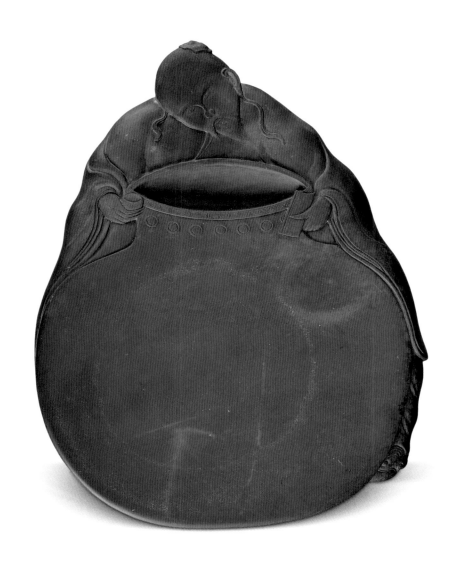

芭蕉月夜砚

清晚期（1851–1911）
长16.3厘米，宽12厘米，厚2.3厘米

　　老坑端石。砚方正平整，无分正背，两面皆可磨墨。一面侧畔一株芭蕉，顶上大叶或斜出，或下探，叶梢弯月作砚池，余下边角平滑微凹为砚堂。另一面仍然采用边角构图，雕山野人家，砚堂居中微洼。两面均无边界栏水。

92

百汉碑砚斋缩摹苍颉碑砚

清晚期（1851—1911）

长14.5厘米，宽11.2厘米，厚0.7厘米

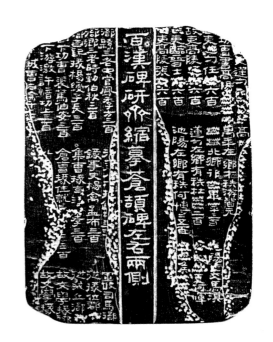

　　砚近方形圆角，砚额祥云缭绕中深洼之处为砚池，砚面微凹为砚堂。背面中间汉隶镌刻"百汉碑砚斋缩摹苍颉碑左右两侧"，两旁刻缩摹苍颉碑左右两侧文字，内容是记载立碑修庙捐资者官职、姓名及款数。

　　仓颉庙碑是东汉衙县（今陕西白水县）县令仇君于东汉延熹五年（162）到任后筹资所立。原立于白水县仓颉庙献殿内，1971年迁至西安碑林博物馆。碑正面所刻文字记述了仓颉造字益于后世的功德及延熹五年（162）祭祀仓颉的情况；背面与左右两侧碑文均记录着捐资者官职、姓名及款项。仓颉庙碑第一次用文字把当时的仓颉墓与庙的有关情况记载下来，碑上诸多官名、地名、人名对研究东汉时期关中道的地名、地方官设置，有很重要的史料价值。此碑不但是仓颉庙最早的碑石，也是我国现存最早而又极其稀少的汉碑之一。

　　清代中期，仕宦文人收藏、赏玩、研究古砚和自刻名贵砚台之习蔚然成风。当时有些文人以砚名室，以表达自己拥有名砚的自豪。"百汉碑砚斋"是万承纪的室名。万承纪（1766—1826），字廉山，一字廉三，自号"百汉碑砚斋主人"，清乾隆五十七年（1792）举人，历官海防同知、知府、淮徐道。万承纪留名青史的是他匠心独运创制"百汉碑砚"之事。百汉碑砚的琢制，始于道光三年（1823）。万承纪缩摹，王应绶肖刻。道光六年（1826）万承纪病逝后，缩摹、肖刻皆由王应绶一人承担，而张井则出资续成。王应绶（1788—1841），字子若，太仓人，"清初四王"之首王原祁的玄孙。张井（1776—1835），字仪九，号芥航，又号畏堂、二竹斋，肤施（今延安）人。嘉庆六年进士，历官内阁中书、河东河道总督、江南河道总督。能诗会画，曾与金石名家钱泳勒石《澄鉴堂法帖》。万承纪、王应绶、张井合力"缩摹肖刻"的百汉碑砚，堪为文房清玩史上一项创举，同时具有重要的碑帖学史料价值，在当时的文人仕宦之中反响颇大，对后世文玩工艺和晚清书法风气产生了开拓性影响。百汉碑砚一套百方，方方镌刻极工，可惜存世仅二十余载就不知去向，所幸有《南昌万氏缩模百汉碑砚集拓》（现收藏于江西省博物馆）传世。馆藏这方百汉碑砚斋缩摹苍颉碑砚疑似托伪之作。

93

天池石壁砚

清晚期（1851-1911）
长16.5厘米，宽10.5厘米，厚10.5厘米

　　端州砚石。砚随石形，砚面上雕悬崖峭壁，下临天池。背面山石林立，中间铭："我友松石是以观德"，后署："研北"，皆隶书。

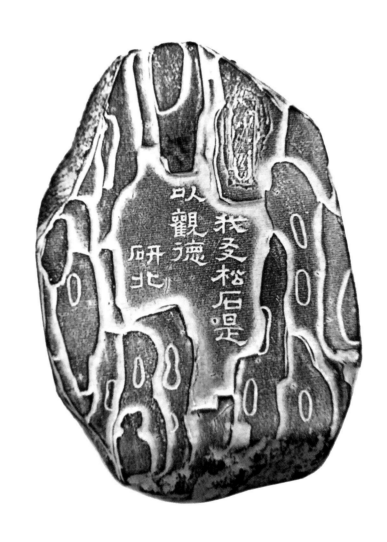

94

古烟阁藏砚

清晚期（1851-1911）
长12.7厘米，宽7厘米，厚2.5厘米

    坑仔岩端石。砚作门字形，砚面斜接墨池，素身无纹饰，简洁明快，共雅大方。砚背内洼，镌刻篆书："文武无彊"，下署行书款："顺治丁亥（清顺治四年，1647）古烟阁藏"。

古樵居士刻石砚

清晚期（1851—1911）
长14厘米，宽8.5厘米，厚1.7厘米

　　端州砚石，形如斧，依石形稍加砻治而成。砚额刻以蚕纹；砚背篆刻："西岩泉玉，端洞云英。"又草书："惟砚作田，咸歌乐岁。墨稼有秋，笔耕无税。"落款："时于庚辰（清光绪六年，1880）秋九月江右息溪王恭垃题""古樵居士刻石"。

　　随形配盒，盒盖上刻云蝠纹作地，上开卷书形窗，中篆书"西岩泉玉"，两旁"仿古铭文""南京石叟"；下开方形窗，上刻"如玉在璞，如珠含胎，藉其覆盖，勿染尘埃。"下署"翁心存书"。

　　陈璞（1820—1887），番禺（今广州）赤冈人。字子瑜，号古樵，别署尺冈归樵，晚号息翁。清咸丰元年（1851）举人，工书擅画。任江西福安知县，后任学海堂学长。

　　翁心存（1791—1862），字二铭，号邃庵，江苏常熟人。道光二年（1822）中进士，改庶吉士，授编修，督广东学政。咸丰、同治两朝大学士，历任工部尚书、户部尚书。翁心存有三子，即翁同书、翁同爵、翁同龢。

松鼠瓜果砚

清晚期（1851-1911）

长18厘米，宽8厘米，厚1.8厘米

　　老坑端石，有青花、石眼、火捺等石品。随石形，砚面琢一瓜形砚堂，顶上覆盖花、叶、藤蔓，绕出砚背。砚背长形瓜体上利用石眼雕悬挂小金瓜，藤蔓萦绕；顶上花叶间有一小松鼠正觊觎垂藤中的果实。左边空白处镌刻："蛤皮青花，可爱如玉，活试呼之，银睛点鸲，宝出水岩，含藏鞠录，采之古端，一罋已足。"落款："易伯"。

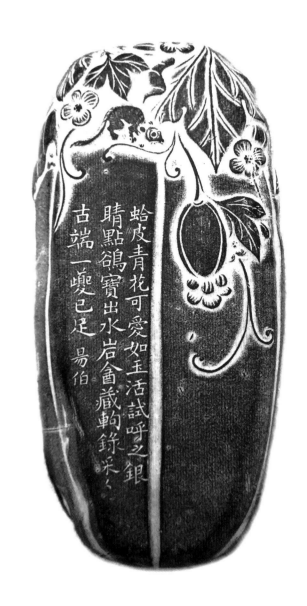

携琴访友砚

清晚期（1851-1911）
长30.5厘米，宽20.3厘米，厚3.8厘米

　　端州子石，随形立意雕琢。边略
加打磨雕以山石、树丛，中开砚堂，
砚首雕携琴访友图。砚背平滑光素。

素身平板砚

清晚期（1851－1911）

长18厘米，宽12.5厘米，厚1.5厘米

　　老坑端石，平板式，光素无纹
饰。一面方正平整，一面边处欠整
齐，略留原石之形。砚上可见冻、蕉
白、金线火捺、胭脂火捺、青花等石
品花纹。此类平板砚属观赏砚，专赏
石品。砚石之佳者，常有不加雕饰，
仅仅打磨方正，纯为品玩赏石质。

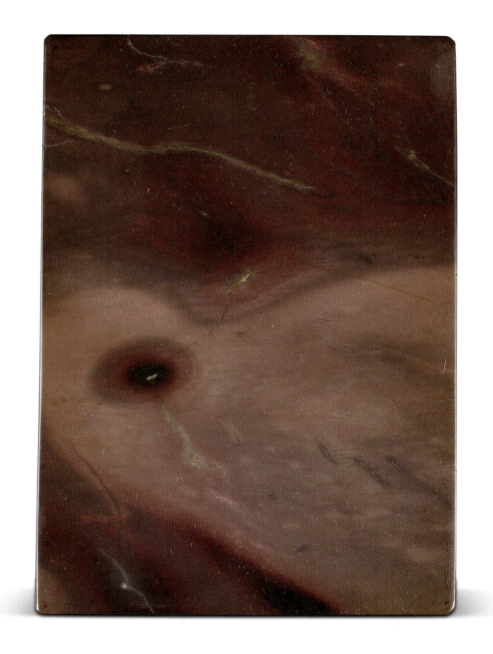

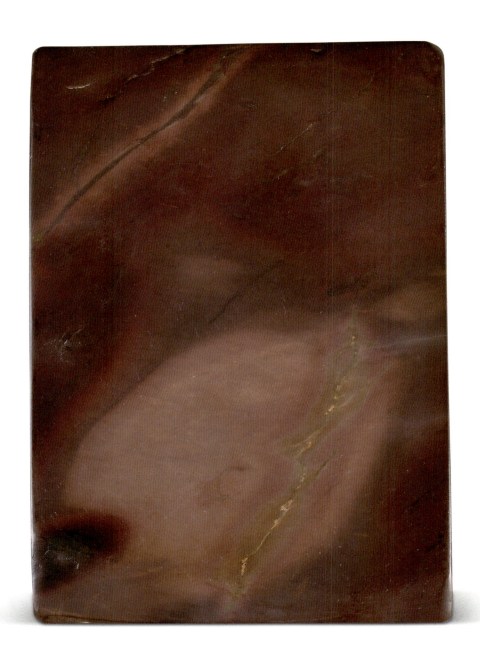

螭龙抄手砚

清（1644–1911）

长19.5厘米，宽11.8厘米，厚5厘米

　　宋坑端石，色如猪肝。抄手式
砚，多处缺损。面外起三面边框，
砚堂平而略凹，向砚首斜下为池，
二者相接处雕一口衔灵芝的螭龙，
雕工圆润，螭龙生动。两侧边足残
缺，左侧刻有残缺铭文，可辨的
有："螭龙舞青芝侧耳听经诗墨池
春"十三字。砚背上方刻篆书"藏
赏"两字，下方刻有行书"元符三年
（1100）仲秋日制"。

仿唐八棱澄泥砚

清（1644—1911）

长10.5厘米，宽10.5厘米，厚3.5厘米

　　端州石琢成，色紫蓝。砚作八棱形，砚堂呈圆形，周缘凹陷成环渠，以作砚池之用。池边宽沿上浮雕飞鱼、海马出没波涛。雕刻精细，纹理完美。砚侧楷书题"仿唐八棱澄泥砚"款；砚背铭文"四维四隅，是曰八方，璧水环之，圆于中央，内外各具深义，澄泥式仿乎唐，此则端溪出旧坑。"后署"乾隆御铭"，钤印二方："比德""朗润"。为乾隆仿古六砚之一。

　　乾隆时期是仿古砚的鼎盛期，宫廷造办处曾制作一批砚，主要用来鉴赏珍玩与赏赐宗室大臣，其中以仿制历代名砚为主，砚材则大多取之端、歙和澄泥。所谓仿古六砚，即仿汉未央砖海天初月砚、仿汉石渠阁瓦砚、仿唐八棱澄泥砚、仿宋德寿殿犀纹砚、仿宋玉兔朝元砚和仿宋天成风字砚共六种，并分别题刻乾隆御铭诗句。

门字砚

清（1644-1911）

长13厘米，宽9厘米，厚2厘米

砚面门字淌池式，素身无纹，砚背刻"娇如美女静如禅，碧水微波玉有烟。"落款"时在康熙一十有二年（1673）""四十八墨之斋珍藏"。

双龙戏珠砚

清（1644-1911）

长23.5厘米，宽15厘米，厚4.5厘米

宋坑端石，色紫红。砚面上端
三分之一处的中间下凿两层，下圆上
椭，两边浅刻对向双龙组成戏珠之
象。下端三分之二处中开椭圆形砚
堂，上有偃月形墨池，四隅雕鱼为
饰。由于"鱼"谐音"余""如"，
素有"有余""如意"的吉祥含
义；而"四"既是吉数，也与
"仕""事"音近，故砚上图案含
"鱼跃龙门""事事如意"之意。

覆竹形砚

清（1644-1911）

长26厘米，宽17.2厘米，厚4.9厘米

仿汉铜雀瓦砚造形，又如一节覆竹。砚面居下开砚堂、墨池，池内雕芦蟹；堂边右上旁出一丛新竹，竹叶半遮砚额，堂边左下歧出一兰草。砚背如瓦筒，穹起两跗，上部刻篆书"云峦金碧"，下部刻隶书："水为石命，火为石性。斯水之精，以玄而圣。其质尚柔，温然可敬。"署行书款："康熙丁亥（康熙四十六年，1707）暮春番禺屈大均铭"。砚铭出自屈大均《广东新语·石语》，屈大均1696年去世，而此砚铭所署时间在其卒后，当是冒其名而作。

屈大均（1630-1696），明末清初著名学者、诗人，与陈恭尹、梁佩兰并称"岭南三大家"，有"广东徐霞客"的美称。字翁山、介子，号莱圃，广东番禺人。著作多毁于雍正、乾隆两朝，后人辑有《翁山诗外》《翁山文外》《翁山易外》《广东新语》及《四朝成仁录》，合称"屈沱五书"。

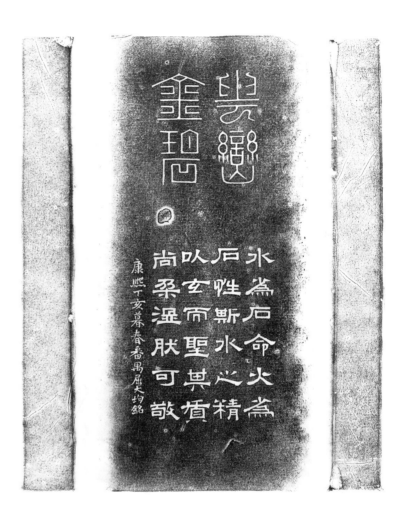

素身平板砚

清（1644－1911）
长16.5厘米，宽12.5厘米，厚2.3厘米

　　坑仔岩端石，平板式，光素无纹
饰。方正平整，砚上可见冻、蕉白、
金线火捺、胭脂火捺、青花等石品花
纹。不事雕饰，属观赏砚。

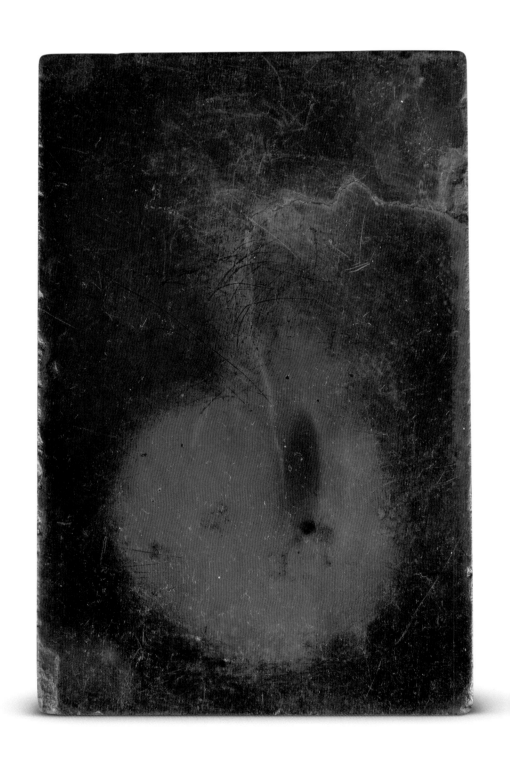

山水铭文砚

清晚期（1851-1911）

长30厘米，宽26厘米，厚4.5厘米

　　宋坑端石，随天然石形琢制。砚面受墨处平滑微凹，上方凿一轮云雾半遮的圆月以作砚池；边上雕刻高山峻岭，悬崖峭壁有瀑布飞流而下。右上篆刻杜甫《醉歌行》句"词源倒倾三峡水"，下篆刻章"文嘉"；左下篆刻"智乐仁寿"，篆刻印"山水有清音"。砚背雕远处峰峦叠翠，水绕山环，近处山间水畔，一高士抚琴自乐。中间平滑处楷书刻晋代僧人释慧远《庐山东林杂诗》："崇岩吐清气，幽岫栖神迹。希声奏群籁，响出山溜滴。有客独冥游，径然忘所适。挥手抚云门，灵关安足辟。流心叩玄扃，感至理弗隔。孰是腾九霄，不奋冲天翮。妙同趣自均，一悟超三益。"下署"万历辛卯（明万历十九年，1591）秋八月仁和李时英"，篆刻印"祯阳"。右边草书刻宋代诗人周芝田的《琴诗》："膝上横陈玉一枝，此音惟独此心知。夜深断送鹤先睡，弹到空山月落时。"下署"文彭"，篆刻连珠印"寿""承"。左下角篆印"高濂深甫家藏"。名家题款，俱是伪托。

　　文彭（1498-1573），字寿承，号三桥，又号渔阳子、三桥居士、国子先生，长洲（今江苏苏州）人，文徵明长子。对诗文、书画、篆刻均有造诣，尤精篆刻。

　　文嘉（1501-1583），文徵明的次子，文彭弟。字休承，号文水。能诗善书，精于石刻。

　　高濂（1573-1620），又名士深，字深甫，号瑞南，或作瑞南道士，别号湖上桃花渔，曾任职于鸿胪寺，明代著名学者。能诗文、善词曲，精音律，通鉴赏文物。著有《遵生八笺》，当中的序为贞阳道人仁和李时英所撰。

　　李时英，仁和（今杭州）人，明隆庆五年（1571）辛未科殿试金榜第二甲，赐进士出身，礼部郎中。

山水铭文砚

民国（1912-1949）

长24.8厘米，宽20.5厘米，厚4.5厘米

　　宋坑端石。砚面所雕刻的内容题
材与图版105相同，但雕刻的线条生硬
刻板，可见这类文人山水画题材的砚
为大宗生产，而且可能有仿制，足见
当时在市场上受欢迎的程度。

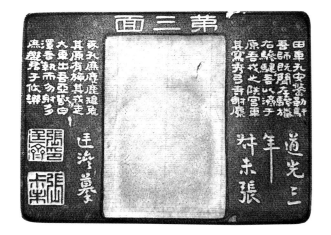

石鼓第三砚

清晚期至民国（1851-1949）

长11.5厘米，宽8.7厘米，厚1.8厘米

砚面中开砚堂、墨池，尚留有朱墨痕迹，砚额镌刻隶书"第三面"；砚堂两旁上部刻石鼓文的《田车诗》，凡七十一字；下部署行草款："道光三年（1823）叔未张廷济摹"，篆书印二方："张廷济印""张叔未"。砚背大篆（籀文）镌刻"石鼓第三研"及《田车诗》，凡七十一字此砚疑为澄泥砚。

砚面铭：田车孔安鋚勒驲吾师既简左骖旛右骖骍骓吾以济于原吾戎之陕宫车其写秀弓寺射麋豕孔庶麀鹿雉兔其原有旆其戎走大车出吾亚兽白泽吾执而勿射多庶趏趏君子攸乐。

砚背铭：田车孔安鋚勒驲遴师既简左骖旛右骖骍骓遴以隋于邍遴戎之陕宫车其写秀弓寺射麋豕孔庶麀鹿雉兔其邍又旆其戎越大车出各亚兽帛泽遴执而勿射多庶趏趏君子卣乐。

在古汉字中"邍"同"原"，"遴"同"吾"，"卣"同"攸"，"隋"通"济"。故砚面与砚背的文字内容是一样的。《田车篇》记述秦君主和公卿大夫在秋季的一次大规模围猎，表现了秦国军队宏大的气势，优良的车骖，威武的士兵，强大的战斗力。赞颂秦国君主贤明，气度宽宏。

石鼓文在唐初时发现于陕西凤翔三原，因刻于外形像鼓的石上而得名。共有10石，每石刻有一篇六七十字的歌颂帝王狩猎的四言诗。以石鼓文入砚最早见于明代制砚家顾从义。清中晚期金石学鼎盛，石鼓文等名碑刻被文人士大夫视为至宝，时有将石鼓文内容摹刻于砚。馆藏这方"石鼓第三研"当是托伪之作。

张廷济（1768-1848），浙江嘉兴新篁人。原名汝林，字顺安，号叔未，一字说舟，又字作田，又号海岳庵门下弟子，晚号眉寿老人。工诗词，精金石考据之学，尤擅长文物鉴赏，一碑一器都能辨其真伪，别其源流。喜收藏各类古器文物，藏鼎彝、碑版及书画甚丰。

1955.1214

蛟龙夔纹砚

民国（1912-1949）
长27.5厘米，宽17.2厘米，厚2厘米

　　宋坑端石，色如猪肝。长方直
角，线条硬朗。砚额雕双夔龙戏珠，
砚边雕蚕纹，砚池中浮雕一蛟龙；砚
背平整素身。传说蛟龙得水后能兴云
作雨飞腾升天，用以比喻有才能之人
得到施展才华的机会。

日月合璧砚

民国（1912-1949）
长29厘米，宽20.7厘米，厚2.8厘米

　　老坑端石。紫蓝色，有冰裂纹、金银线、翡翠斑、蕉白等石品。砚堂为一轮圆日，日上方雕一偃月作墨池，形成日月同辉之象。砚额剔地雕四螭，雕工精美。覆背不完整，起宽边，内凹处上端刻铭："质细如绵水岩石子兮，面制鼓形喻车记里兮，背刻飞黄服周方轨兮，用佐同文伊犁尺咫兮。"下署"乾隆御铭"，刻"古香""太朴"方印二；居下正圆内雕飞黄。铭文出自《钦定西清砚谱》卷十九之旧端石飞黄砚的御制砚铭，而砚形及纹饰布局与旧端石飞黄砚略有不同。

　　飞黄：亦名"乘黄"。传说为八骏中的神马，背有角、善飞驰，乃是马中之王。

砚屏铭砚

民国（1912-1949）
长9厘米，宽7厘米，厚1.2厘米

　　端州砚石。随石形稍作修理，面
周边起栏，中凹成砚堂；背刻隶书：
"砚屏"，下为行书题记："余购得
东洞小研，俨然画屏，疏柳寒鸦，姿
态欲活，其上远山隐现，若烟若云，
下有二石纹，一合一开，宛似沙嘴，
天然妙笔，新罗无以过之，用以研
墨，未免可惜，因制为研屏式，籍表
奇宝。"

璧水砚

民国（1912—1949）
直径22厘米，厚2.5厘米

　　宋坑端石。辟雍砚式，又称走水砚。砚面素身无纹饰，砚背周起弦。辟雍即明堂外面环绕水渠，环水为雍，意为圆满无缺，圆形为璧，璧通辟，象征王道教化圆满不绝。

簸箕砚

民国（1912–1949）
直径9.5厘米，厚2厘米

　　端州砚石。砚正圆，边缘筑起，内成墨堂，无池。砚的围边及底部琢成竹篾编织的簸箕状，雕工精细，极具立体感。围边有篆书款"吴门顾二娘制"，底正中篆刻"端石上品"。底部竹篾或粗或细，巧妙穿插，纵横交错，复杂的纹理有条不紊富有层次；底外围的篾丝弯曲缠绕，纹路清晰可辨；围边篾条经纬交叠，编织整齐。整砚纤巧玲珑，精致细腻，足见作者的巧思和奇技。然而为求身价，也只能假托"吴门顾二娘制"之名。

　　顾二娘，生卒年不详，约活动于康熙晚期至雍正之际，本姓邹，苏州人，嫁到以治砚为业的顾家，其风格以清新质朴取胜，虽有时也镂剔精细，但却秾纤合度、巧若神工。

富贵昌门字砚

民国（1912-1949）
长21厘米，宽14厘米，厚2.5厘米

　　二格青端石。长方平直，门字式，砚面宽平，边周起双线。砚额镌刻"富贵昌"，两旁"用锡永寿""永宝用享"。砚背平整素身。

参禅砚

民国（1912—1949）

长22.5厘米，宽15厘米，厚3厘米

　　二格青端石。受墨处斜连墨池；
砚额雕一参禅僧人，旁镌刻："参堂画
禅，现清净身，天空海阔不着一尘。寿
诸贞石礳而不磷。"署："甲寅花朝
（1914年2月12日）安吉吴昌硕"，印
一："缶"。砚堂两边刻："菩提本无
树，明镜亦非台，本来无一物，何处
染尘埃。卓如录"。侧镌："纯厂珍
藏""子子孙孙宝用"。

　　此砚应是仿"吴昌硕写佛砚"之
作。吴昌硕自1905至1917年间，曾为沈
石友（汝瑾）上百方藏砚写画题铭，画
面简率妙趣，书法苍劲老辣。《沈氏砚
林》中有一"吴昌硕写佛砚"（见《沈
氏砚林》50页），写佛砚背，上刻老
衲蒲团打坐并题铭："参书画禅，观清
静身，天空海阔不着一尘，专诸贞石礳
而不磷。甲寅（1914）华朝为钝居士写
佛砚背，甚肖其形，并为之赞。安吉吴
昌硕。"

　　吴昌硕（1844—1927），初名俊，
又名俊卿，字昌硕，又署仓石、苍石，
多别号，常见者有仓硕、老苍、老缶、
苦铁、大聋、石尊者等，浙江安吉人。
精研金石，善摹《石鼓文》，兼有书、
诗、画、印四绝。杭州西泠印社首任社
长，与虚谷、蒲华、任伯年齐名为"清
末海派四杰"。

"吴昌硕写佛砚"（《沈氏砚林》50页）

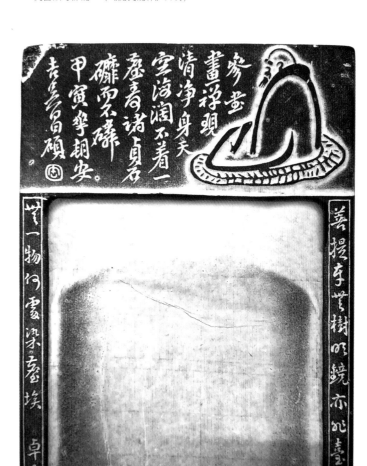

雀鹿蜂猴双面对砚

民国（1912-1949）

长25厘米，宽16.5厘米，厚2厘米

　　麻子坑端石，石色青苍紫蓝，石质细腻，纯净无瑕，有天青色、蝇头青花、席纹、翡翠眼等石品，包浆醇厚。对砚无分面背，两面皆可用，雕刻内容一致。一面正圆形砚堂，砚额浮雕雀、鹿、蜂、猴（"爵禄封侯"），形象生动。另一面正方形切角砚堂，砚额深雕云龙，驾雾腾云，活泼生动。

鹦鹉桃形砚

民国（1912-1949）
长20.3厘米，宽14.5厘米，厚2.2厘米

　　麻子坑端石，砚据石形而作。借石之心形，琢成桃实砚堂，果实、枝叶围合成砚池，桃枝上立一鹦鹉。背刻行书"端砚"二字，下署"己巳年（1929）春月，定寰氏识"。

　　林万里（1883-1951），字定寰，又名之乔，遂溪县西厅村（今湛江市霞山区海头镇西厅外村）人。曾就读于广东陆军学校步兵科、北京陆军大学。从戎五十多年，参与了辛亥革命、抗日战争等。

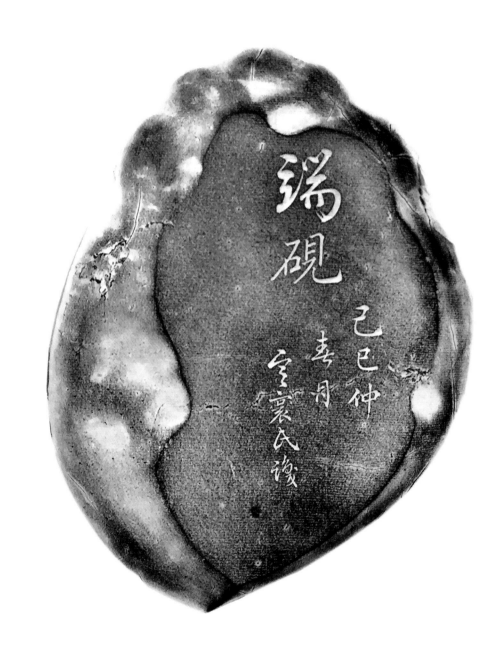

彩云拱月砚

民国（1912–1949）
直径15.9厘米，厚1.5厘米

　　老坑端石，石色紫蓝微带苍灰，
质细润、致密，有鱼脑冻、胭脂云、
火捺等石品。砚面正圆，有如一轮圆
月，月之边缘上方似有瑕疵，薄意雕
琢出几朵彩云，与砚堂中（即月亮
中）的鱼脑冻（即白色晴云）相映
衬，浑然一体。砚背边缘不完整，故
略雕流云呈彩云拱月之象。整砚刀凿
无多，但不失为一件完美的赏玩品。

桃纹随形砚

民国（1912–1949）
长15.5厘米，宽11.7厘米，厚1.5厘米

老坑端石，有火捺、金银线、碎冻、蕉白、冰纹等石品。整砚依石形略加斧治，雕出过枝桃纹。正面平磨，顶上薄雕五个桃子，枝叶过背；背面满雕五个桃子，桃子丰腴结实。此砚纯为赏石而非实用。

119

素身平板砚

民国（1912–1949）
长17.7厘米，宽11.9厘米，厚1.8厘米

　　老坑端石，平板式，光素无纹
饰。一面方正平整，另一面边角欠整
齐。砚上可见冻、胭脂火捺、青花等石
品花纹。不加雕饰，纯为品玩赏石质。

松鹤山水砚

民国（1912-1949）
长16.2厘米，宽10.8厘米，厚2.8厘米

　　老坑端石，有胭脂云、石眼、
蕉白等石品。砚面苍松横斜，仙鹤起
舞，巧妙利用石上黄磹雕出松树杆上
的嶙峋树皮，自然生趣。砚背就石纹
起伏雕高峡出平湖，缥缈云烟，小亭
隐现；有一石眼，如月之倒影；湖边
几只芦雁在苇丛或觅食，或低飞，意
态悠闲，颇有野趣。湖心处镌刻"云
之质，水之肪，乃西洞之精粹。媲
东坡之贤良。彤坡贤契清玩"，后署
"权抚州太守赵之彰持赠"。

云英玉液砚

民国（1912-1949）
长15.5厘米，宽10.6厘米，厚1.8厘米

　　白线岩端石。砚首隶书镌："云英玉液"，旁刻行书："甫堂"。侧刻："东官黎甫堂，为嘉道间隐士，礼贤好客，有孟尝之风，尤喜蓄研，研必自铭，铭均友笙书之，想友笙亦当时之善书者。博文五弟珍玩。"署款："无沙记"。

　　配有盒，盒盖上刻篆书"流雅"，后署"博文属""无沙老人"，印"师韩"。

　　冯权（1875-1950），字师韩，号邓斋，晚号无沙老人，别署半亩竹园居士，广东鹤山人。喜画兰，工篆书。因书法服膺邓石如，故号邓斋，印以邓石如与黄牧甫两家为归。隶书沉雄峻拔，糅合北碑和汉刻，自是一格。

"仿鸡心佩"砚

民国（1912—1949）
长18厘米，宽12.3厘米，厚1.9厘米

　　老坑端石，有金银线、冰裂纹、
火捺、胭脂云等石品。随材成形，状如
鸡心，面平整光素，不加雕琢。背一角
略缺，刻行书："仿鸡心佩"，笔力遒
劲；下篆书印："潘宝鐄印"。

　　潘宝鐄（1852—1892），字凤
锵，号椒堂，番禺（今广州）人，
十三行商人兼大收藏家潘正炜之孙。
同治十二年（1873）举人，光绪二年
（1876）进士，授翰林院编修，兼功
臣馆纂修。后归粤，主讲禺山书院、
粤秀书院，去世后门人在粤秀书院建
祠祀之。嗜书画收藏，藏画楼曰"望
琼仙馆"，著有《望琼仙馆诗钞》。

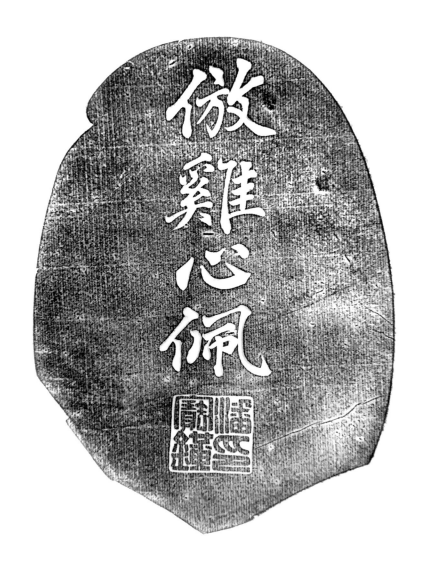

瓜形砚

民国（1912-1949）

长15厘米，宽8.5厘米，厚2厘米

　　端州砚石，以子石形稍加砻治而成。砚堂如瓜微凹，顶部覆盖丛叶，柄上嫩枝新芽下探与瓜身围合之处凿以砚池。背面平滑，镌隶书铭："温润比美玉"，后行书题记："叔坚重游端州纪念留付锟儿宝用"，署行书款："壬申（1932）春仲记于高要公廨"，篆印一"沈"。石质温润，器形简约，包浆莹润。

　　沈叔坚，生卒年不详。民国时期曾在广州公安局任职。

圭璧琴形砚

民国（1912-1949）

长15.7厘米，宽10.4厘米，厚1.8厘米

　　端州砚石，色微紫，石质细腻坚密。外观似古琴形状，居中砚堂正圆，环凹槽，形呈走水砚，边缘琢以螭纹。龙龈有七琴弦，冠角左凤右龙，琴额琢以双龙戏珠。背部琴腹琢以裂纹如蛇腹断，雁足、琴弦、琴轸、护轸俱全；在与砚堂相应位置的正圆上镌刻："二吉太平有宁，子子孙孙用之。紫岩端溪西洞，不滞墨，研细润泽。"落款"山舟"。

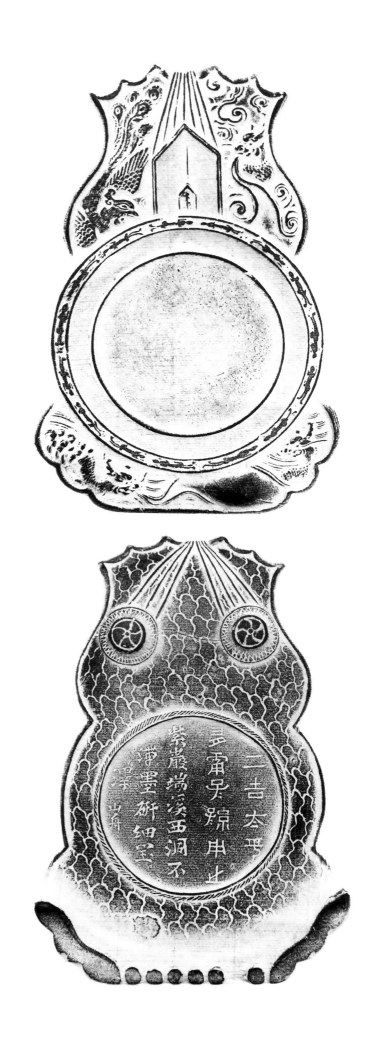

果叶纹砚

民国（1912-1949）

长15.2厘米，宽14.1厘米，厚2.2厘米

　　坑仔岩端石，有微尘青花、金线、金钱火捺、碎冻等石品。利用象形雕出不分池堂的宽阔砚面，如瓜如果，边缘起栏，顶部雕过枝花果叶纹。砚背边侧只依石形稍加打磨，天然别致；过枝的花果叶覆盖顶部，藤蔓垂探，果实成串，生意盎然。

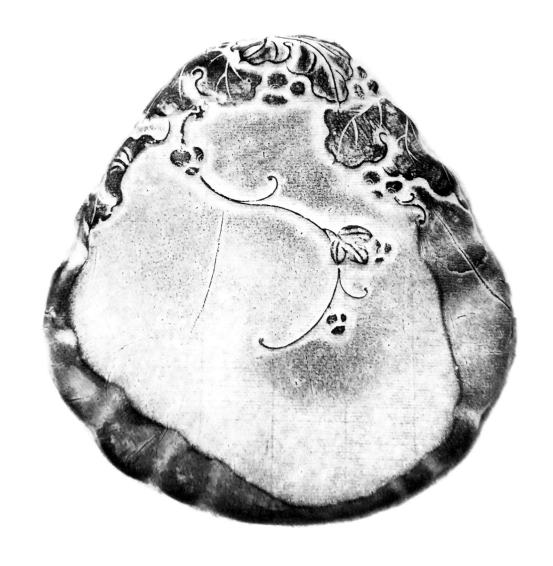

云纹双面砚

民国（1912–1949）
长18.4厘米，宽11.9厘米，厚2.5厘米

　　老坑端石，集金线、冰裂纹、翡翠斑等多种名贵石品于一身。双面开砚堂，无分底面。两面砚额薄意满雕云纹，线条细腻流畅，有彩云满天之意象。此砚多作赏石品之用。

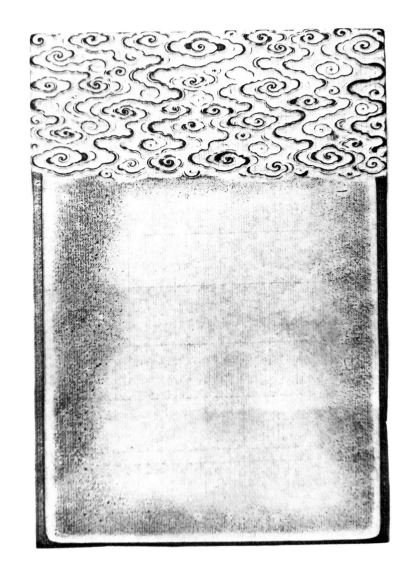

　　雅俗之间

后记

　　本图录是馆藏精品系列的第三卷。它的编撰出版，来自著名学者、美国哥伦比亚大学历史系高彦颐（Dorothy Ko）教授与我馆一段难得的学术缘分。

　　大约在十二三年前，高教授初涉端砚研究，即来馆品鉴了我馆收藏的多方端砚；五年前，高教授再度来馆摸查端砚的相关材料，其时笔者正在酝酿编撰出版馆藏端砚图录，自然不会放过向高教授讨教的机会。高教授对馆藏端砚的丰富多样、雅俗共赏赞叹不已，笔者大受鼓舞，不禁想，要是能邀请到高教授为图录撰文，该多好啊！然而高教授研究工作繁重，又刚刚接任哥伦比亚历大学史系主任一职，必定非常忙碌，她能接受吗？没想到当我小心翼翼地提出这个不情之请时，高教授二话不说，慨然允诺！这真是馆藏研究之大幸！果不其然，高教授从社会史的多个角度解读馆藏这批端砚，不仅能让读者深入地了解到端砚的社会史意义，而且引发了对广东工艺史研究的多维度思考，令人耳目一新，获益匪浅！

　　本图录的出版也有赖我馆保管部4位同事的共同努力。何慕华撰写文章讲述她对"遂闲堂写经研"的研究心得，在江宝仪、南新荣的帮助下，她还撰写了入选图录的126方端砚的说明，并且对其中多方端砚做了拓片；胡舜为入选的每方端砚（包括拓片）拍照，他的专业摄影技术使得这些端砚美丽的石品花纹和精湛雕工得以活灵活现。南新荣还承担了琐碎的编务工作。

　　图录付印前，有幸邀请到武汉大学陈锋教授来馆鉴赏端砚。陈教授在短暂的时间内帮我们校正了图录中的几处错误。谨致谢忱！

　　最后，感谢肇庆端砚民俗史研究专家陈羽研究员审阅了图录的全部内容，并校正了多方端砚的定名。感谢文物出版社责任编辑李睿、宋丹为本图录的出版付出的辛勤劳动！

黄海妍

2020年10月